世界银行中国经济改革实施技术援助项目（TCC5）支持

Study on Designing and Implementing China's Government Debt Management Strategies

中国国债管理战略 计量分析研究报告

《中国国债管理战略计量分析》课题组 ◎编

经济科学出版社
Economic Science Press

图书在版编目（CIP）数据

中国国债管理战略计量分析研究报告/《中国国债管理战略
计量分析》课题组编. —北京：经济科学出版社，2015.10
　ISBN 978 - 7 - 5141 - 6164 - 9

　Ⅰ.①中…　Ⅱ.①财…　Ⅲ.①国债管理 - 经济计量分析 -
研究报告 - 中国　Ⅳ.①F812.5

　中国版本图书馆 CIP 数据核字（2015）第 245030 号

责任编辑：刘怡斐
责任校对：徐领柱　杨　海
版式设计：齐　杰
责任印制：邱　天

中国国债管理战略计量分析研究报告

《中国国债管理战略计量分析》课题组　编

经济科学出版社出版、发行　新华书店经销

社址：北京市海淀区阜成路甲 28 号　邮编：100142

总编部电话：010 - 88191217　发行部电话：010 - 88191522

网址：www. esp. com. cn

电子邮件：esp@ esp. com. cn

天猫网店：经济科学出版社旗舰店

网址：http://jjkxcbs. tmall. com

固安华明印业有限公司印装

710 × 1000　16 开　12.5 印张　260000 字

2015 年 10 月第 1 版　2015 年 10 月第 1 次印刷

ISBN 978 - 7 - 5141 - 6164 - 9　定价：50.00 元

（图书出现印装问题，本社负责调换。电话：010 - 88191502）

（版权所有　侵权必究　举报电话：010 - 88191586

电子邮箱：dbts@ esp. com. cn）

序　言

发挥市场决定性作用，深化
国债管理制度改革

"中国国债管理战略计量分析"是财政部国库司利用世界银行技术援助（以下简称技援）项目资金，研究深化国债管理制度改革的一个重要课题。主要内容是借鉴发达国家国债管理战略的制定及实施经验，结合中国国债市场实际状况，研究建立中国国债管理战略计量分析工具，开发及利用中国国债筹资成本与市场风险管理计量分析模型。主要目标是科学地制定国债年度发行计划和中长期国债管理战略，定量优化国债组合结构和债务筹资节奏，尽可能地节省国债利息支出和有效管控市场筹资风险，促进国债市场稳健运行和国家财政可持续发展。

中国国债管理战略计量分析技术援助项目是继 2001 年国债一级市场技援项目和 2010 年国债二级市场技援项目之后，2013 年 12 月财政部国库司在国债领域第三次得到世界银行技术援助，可以说是前两次国债市场技援项目的延续和深化。运用计量分析手段制定及实施中国国债管理战略，是我国"十二五"规划有关深化国债管理制度改革的重要内容，是贯彻落实十八届三中全会关于"建立规范合理的中央和地方政府债务管理和风险预警机制"和"健全反映市场供求关系的国债收益率曲线"的重要举措。

一、中国国债管理制度改革取得重要进展

我国自 1981 年恢复发行国债特别是 21 世纪以来，财政部始终坚持市场化原则，着力加强国债市场建设，注重发挥市场在国债管理中的决定性作用，国债管

理制度改革取得重要进展，市场化筹资能力较强，为财政宏观调控提供了切实有效的政策工具与资金保障。概括而言，主要表现在以下几个方面。

一是坚持市场化改革取向，不断提高国债发行效率。1996 年首次采用公开招标方式发行记账式国债，开创了市场化发行国债和国债利率市场化的先河。2004 年综合比较单一利率招标和多种利率招标方式的各自特点，推出混合利率招标方式，同时取消利率上限等约束条件，大幅提高了市场化定价水平。目前，所有记账式国债全部通过电子招标系统招标发行，招标方式包括单一利率招标、多种利率招标和混合利率招标，以混合利率招标方式为主。近几年来，每年 50~60 次的招标操作均能平稳顺利进行，发行效率很高，有效保障了二级市场正常运行。

二是定期滚动发行关键期限国债，建立完善国债收益率曲线。2003 年开始发行 7 年期国债，之后逐年加入新的期限，目前形成 1 年、3 年、5 年、7 年和10 年五个关键期限国债品种。同时，进一步完善国债期限结构，一方面不断延长国债发行期限，2001 年开始发行 15 年和 20 年期国债，2002 年发行 30 年期国债，2009 年成功发行 50 年期国债，成为继英国、法国之后当今世界第三个发行50 年期国债的国家；另一方面，2006 年开始注重发行 1 年以下短期国债。2012 年开始采用定期续发方式发行附息国债，2014 年建立关键期限国债定期续发机制，有利于形成稳定、完整、可靠的国债收益率曲线，增加二级市场深度与广度。

三是提前公布国债发行计划，提高国债管理透明度。为便于国债承销团成员做好国债承销工作，满足国债投资者购买需求，财政部一直坚持公开公平原则，致力于提高国债管理透明度。2000 年开始财政部坚持每个季度召开一次国债筹资分析会，充分征求主要市场成员意见，制定并公布下一个季度国债发行计划，内容包括该季度要发的全部国债。2003 年开始在年初公布全年关键期限记账式国债发行计划，目前关键期限国债发行额约占当年记账式国债发行总额的 80%，2014 年开始公布 50 年期国债发行计划。国债发行透明度的显著提高，增强了国债市场的预见性和稳定性，有效降低了国债发行对二级市场造成的不利冲击，保证了国债市场健康稳定运行。

四是建立完善国债承销团制度，注重发挥承销团成员在一级市场、二级市场发展中的作用。2000 年开始在银行间债券市场组建了记账式国债承销团，2002年在交易所债券市场组建了记账式国债承销团。2006 年财政部、人民银行和证监会联合发布了《国债承销团成员资格审批办法》，建立了统一规范和相对稳定的记账式国债承销团制度。2012 年取消国债承销团成员资格的行政审批事项，发布了《国债承销团组建工作管理暂行办法》，主要依靠市场化机制加强承销团管理。目前，记账式国债承销团由商业银行和证券公司共 50 家成员组成，其中多数成员都是人民银行公开市场业务一级交易商和银行间债券市场做市商，保障了国债一级市场和二级市场的有效衔接。

五是着力发展二级市场，健全二级市场运行机制。2001 年推出国债净价交易方式，使得国债买卖报价及结算方式与国际惯例接轨。2004 年推出买断式回购，丰富了国债交易工具，满足了投资者多样化的交易需求。2003 年开始跨市场发行记账式国债，2005 年所有记账式国债实现跨市场发行和交易，2009 年上市商业银行获准进入交易所债券市场，有效地促进国债市场的互通互联。2011年在银行间债券市场建立了新发关键期限国债报价做市制度，目前正在研究建立国债做市支持机制。2013 年配合证监会推出 5 年期国债期货，2014 年在财政部网站发布关键期限国债收益率曲线，以及 2015 年推出 10 年期国债期货等措施，进一步丰富了二级市场运行机制。

二、此次技术援助项目研究对深化国债管理制度改革具有重要意义

科学理论是行动的指南。如果说前两次世界银行技术援助项目研究是以定性分析为主，那么此次国债管理战略技援项目无疑是更加注重定量分析研究，标志着定量分析工具开始步入国债管理工作，国债管理工作开始以定性分析为主向定性分析与定量分析并重方向转变。当前开展国债管理战略计量分析研究，对于进一步提高政府债务管理水平，加强政府债务管理能力建设，以及深化国债管理制度改革具有重要作用。

第一，开展国债管理战略计量分析研究具有直接的经济效益。国债管理战略计量分析的实质是优化国债结构，节省利息支出，也就是通过调整结构产生经济效益。2014 年我国国债发行规模为 1.8 万亿元，年底余额为 9.6 万亿元。我们预估，通过优化国债结构，即便是发债成本节省 0.1%，就发债规模而言每年可节约利息支出 18 亿元，就国债余额而言将节省 96 亿元利息支出。据了解，资本市场比较发达的德国，每年通过调整国债结构能够节省 5 亿~7.5 亿欧元利息支出。中国优化国债结构产生经济效益乃至社会效益的空间，肯定是不小的。

第二，对于加强地方政府债务管理能力建设具有重要参考价值。此次技术援助项目，我们是以国债管理战略名义立项的。从国际经验看，尽管地方政府债务管理在发行市场机制和二级市场建设方面与国债管理存在这样那样的差异，但是在优化债务结构，改善债务管理质量方面有着很大的共同之处。因此，开展国债管理战略计量分析研究，其原理和方法在很大程度上适用于地方政府债务管理工作，对于贯彻落实十八届三中全会提出的"建立规范合理的中央和地方政府债务管理和风险预警机制"具有重要作用。

第三，抓紧开发运用国债管理计量分析工具，不断深化国债管理制度改革。2014年11月，财政部有关负责人在发布关键期限国债收益率曲线新闻稿中明确表示，为了健全反映市场供求关系的国债收益率曲线，下一步国债管理工作将着重围绕以下几方面展开：一要继续借鉴国际通行做法，抓紧开发运用国债管理战略计量分析工具，进一步优化国债结构和发债节奏。二要着力完善关键期限国债发行计划，以及1年以下短期国债和10年以上长期国债的发行计划，进一步完善市场化发行定价机制。三要研究完善国债二级市场运行机制，进一步改善国债流通质量和价格形成机制，以便国债收益率曲线能够充分反映市场供求关系。

我们相信，此次世界银行技术援助项目课题研究报告的出版发布，对于当前深化国债管理制度改革，不断完善市场运行机制，以及促进国债市场乃至地方政府债券市场持续稳定发展，必将发挥重要作用。

财政部国库司司长

加强计量分析研究，助力国债
管理迈上新台阶

从 20 世纪末以来，随着利率和汇率市场波动性的加大，政府债务管理工具日益丰富，债务管理的难度也逐渐提升。一些发达国家陆续在国债管理中采用了数量化的分析和辅助决策工具，以提高债务管理的精细化程度。随着我国利率市场化进程的加快，未来利率的大幅波动可能会成为常态。提高国债管理的科学性和前瞻性，降低国债筹资成本，防范国债管理面临的风险，是摆在我们面前迫切需要解决的一个重大课题。运用计量分析手段制定及实施中国国债管理战略，与财政部目前研究的中期财政规划管理相契合，是贯彻落实十八届二中全会"建立跨年度预算平衡"的重要举措。在此背景下，中央国债登记结算有限责任公司有幸担任"中国国债管理战略计量分析"世界银行技术援助项目咨询顾问机构。作为我国国债的总托管人和债券市场的核心基础设施，中央国债登记结算有限责任公司对国债市场具有较深的理解和认识，并始终处在债券市场研究和建设的一线。在本课题的研究过程中，我们组建了由中央国债登记结算有限责任公司骨干研究人员和国内知名高校研究团队组成的专项课题组，对计量模型的构建做了详细、规范、严谨的理论论证和实证研究。

该课题主要是对国债发行的成本和风险进行定量预测和研究。2001 年世界银行和国际货币基金组织联合发布了《政府债务管理指引》，明确指出政府债务管理的目标是中长期内以较低成本和风险满足财政筹资需要，以及促进政府债券市场的发展。在随后两次对该指引的修订中，均继续重申这一目标。这种成本与风险的权衡思路，为量化分析技术在债务管理中的运用提供了重要理论基础，目前国际上政府债务管理领域所流行的成本与风险模型（Cost and Risk Model）就是这一思想的体现。本课题的研究思路，也正是沿着这一主流方法展开的，用债券的发行利率作为成本的度量指标，用未来发行利率的不确定性作为风险的度量指标。

为充分借鉴国际先进经验，我们仔细研究了发达经济体中的美国、日本、加拿大、英国、瑞典、丹麦以及新兴经济体中的巴西和土耳其等八个国家的政府债务管理计量分析方法，在吸收这些国家的先进技术基础上，结合我国的实际情况，通过大量的模型实证，最终形成了当前的课题研究报告。由于本项目的最终目标是着眼于建立一个可以辅助政府债务管理决策的系统，支持日常的债务管理工作，因此，除了重视对理论模型的研究外，本课题还重点对计量方法的实现过程进行了研究，为下一步系统建设做好技术准备。

国债管理战略计量分析，涉及对经济增长、物价水平、财政收支、利率变化等诸多宏观变量的研究。由于我国目前还处在从计划经济向市场经济转轨过程当中，宏观经济变量之间的关系还不稳定，一些重要的变量如市场利率的历史数据与发达经济体相比还较少，这些根本性因素是本课题研究的主要约束。当前，我国经济发展模式又面临着从过去的高速增长向中高速增长的转变，经济结构也面临着重大的调整，这对模型的适用性也带来较大的挑战。从国际经验看，国债管理战略的计量分析工具不是一成不变的，需要根据经济发展的特点和国债管理战略的选择不断完善。从本课题研究的成本与风险计量模型架构来看，融资需求模块、利率预测模块、随机模拟模块以及指标输出模块都是相对独立的，都可以不断地进行适应性改造，而不会对系统运行带来颠覆性影响。上述几方面因素，都意味着国债管理战略计量分析的研究是一个长期不断完善的过程。

当前，我国正在不断强化地方政府预算管理以及推动地方政府债务管理制度改革，开发性和政策性银行的融资需求和债务余额也在逐渐增大，债务精细化管理的需要也日益凸显。虽然本课题是针对国债管理进行的研究，但很显然，成本与风险的权衡思想也适用于其他大型发债主体的债务管理。未来可以根据需要对课题成果进行适应性调整，为更多发债主体提供债务管理决策的辅助支持。

在课题研究中我们体会到，国债管理战略的实施与国债市场的发展关系紧密，相辅相成。国债市场的成熟度决定了国债管理战略实施的有效性，而国债管理战略的一个重要目标是促进国债市场有效发展。2013 年，党的十八届三中全会决定明确提出"健全反映市场供求关系的国债收益率曲线"，可以说这是引领我国国债一级市场、二级市场健康发展的纲领性任务。可靠的国债收益率曲线是国债为经济金融领域所应做出的主要贡献之一，同时也是国债市场成熟的重要标志。国债的期限品种等发行安排是编制国债收益率曲线的必要条件之一。因此，国债管理战略应高度重视国债收益率曲线的形成与健全需要，发行安排在满足财政预算需求的同时，要注意充分发挥国债的金融功能。

是为序。

中央国债登记结算有限责任公司董事长

目 录

第一部分 《中国国债管理战略计量分析》课题研究报告

世界银行技术援助项目课题组

第一章 研究背景及意义（3）

第二章 国债管理战略理论概述（8）

第三章 国债管理战略计量分析方法（16）

第四章 国债管理战略计量分析的国际经验（28）

第五章 中国国债管理战略融资需求模型与利率模型（55）

第六章 中国国债管理战略的模拟（73）

第七章 国债管理战略的市场条件（94）

第八章 结论（101）

参考文献（103）

第二部分 项目评审专家对研究报告的评价

小荷终露尖尖角

参与"中国国债管理战略计量分析"课题有感

/中国农业开发银行资金计划部副总经理 刘优辉（109）

《中国国债管理战略计量分析》课题评价

/国家开发银行资金局副局长 余汪顺（113）

《中国国债管理战略计量分析》课题评价意见

/浦发银行金融市场业务总监 谢伟（118）

《中国国债管理战略计量分析》评阅意见

/招商银行金融市场部总经理　戴志英（122）

第三部分　公共债务管理战略计量分析的国际通行做法

《公共债务管理指引》修订建议和主权资产负债管理

/国际货币基金组织货币与资本市场部副主管　Michael Papaioannou（129）

公共债务组合中成本与风险的识别及管理

/世界银行库务局首席债务管理专家　Lars Jessen（136）

第四部分　债券投资组合管理与风险管理的做法

利率市场化下如何优化投资组合管理

/中国建设银行金融市场部副总经理　张铮（145）

对债券组合管理的几点思考

/中国银行法兰克福分行行长助理　汪宁（152）

北京银行债券账户风险管理探索实践

/北京银行资金运营中心副总经理　刘素勤（157）

商业银行市场风险管理经验介绍

/杭州银行金融市场部副总经理　王晓莉（164）

债券投资业务风险管理与展望

/汇丰银行（中国）环球资本市场总经理　宋跃升（169）

附录："中国国债管理战略计量分析"中期评审会及
结题会评审意见综述（177）

后记　关于中国国债管理战略计量分析课题研究
项目执行及成果的说明（181）

第一部分

《中国国债管理战略计量分析》课题研究报告

世界银行技术援助项目课题组①

---

① 课题组组长：水汝庆，课题组常务副组长：王平，课题组副组长：刘凡、吴亚洲，课题组成员（按姓氏拼音顺序排列）：刘海凡、刘洁、木雪枫、牛玉锐、宋旸、王秉坤、王超群、杨静平、张天宇、赵春术、周舟，报告执笔（按姓氏拼音顺序排列）：刘海凡、木雪枫、牛玉锐、宋旸、王秉坤、王超群、杨静平、张天宇、赵春术、周舟。

第一章　研究背景及意义

在现代经济发展过程中，作为财政政策的一项重要内容，国债已经成为政府进行经济调控，促进社会发展的重要政策工具。各国政府都将管理好国债规模、提高国债的使用效率等，作为宏观调控的主要工作之一。然而，长期以来，政府债务管理一直没有清晰的目标和相应的债务管理战略理论框架，政府在为财政融资时主要考虑能否以较低的成本发行国债，而往往忽略政府债务组合未来的风险。直到20世纪80年代，多数经济合作与发展组织［Organization for Economic Co-operation and Development，经合组织（OECD）］成员国的债务负担率（国债余额/GDP）超过了75%，并且每年的付息占税收收入的比重相继超过20%，才逐渐意识到提高政府债务管理水平的重要性。

2001年，在总结一些国家政府债务管理先进经验和亚洲金融危机教训的基础上，世界银行和国际货币基金组织发布了《政府债务管理指引》（*Guidelines for Public Debt Management*，以下简称《指引》）。该《指引》将政府债务管理目标明确表述为"在中长期内以较低的成本和谨慎的风险程度，保证政府的融资需求"，政府债务管理的目标不再是单纯的满足政府当年的融资需求，而是要同时注意三个方面：一是要从中长期前瞻性的角度来考虑问题，二是要适当控制融资成本，三是要关注债券组合可能面临的风险。自此以后，把中长期内追求成本与风险的合理均衡作为政府债务管理的目标，逐渐被世界各国政府所接受。

根据该《指引》，政府债务管理就是围绕政府债务管理目标的实现而制定和执行政府债务管理战略的过程。至此，政府债务管理战略的重要性凸显出来。所谓政府债务管理战略，就是要在中长期时间跨度内，综合考虑政府债务的成本和风险，确定符合政策目标的政府债务规模和结构。这其中包括本币债和外币债的结构问题、债务组合中的期限结构问题、各种债务品种的搭配等一系列与成本和风险权衡相关的问题。虽然政府债务管理战略关注的是未来政府债务的规模与结构问题，但由于调整政府债务的规模与结构往往是通过政府债务发行来实现的，因此，政府债务管理战略最终的落脚点其实是中长期的政府债务发行计划。

成本与风险权衡的思想，为政府债务管理战略制定过程的定量化分析提供了重要的理论基础，许多国家基于这一思想开发建设了相应的公共债务管理战略计量分析工具（Public Debt Management Kits）。从一些公开的资料来看，虽然不同国家的具体模型变量、参数、计量方法以及风险度量指标不尽相同，但是整体的设计逻辑基本上是一致的：首先，通过对宏观经济指标和收益率曲线建模，预测未来的宏观经济走势及利率水平；其次，对融资需求进行建模，预测未来新发债的规模；最后，在前两步的基础上通过对成本和风险度量指标的权衡选择出最优发债方案。目前，许多国家如美国、英国、德国、日本、瑞典、丹麦、巴西、土耳其等国都建立了本国的政府债务管理战略计量分析工具。

我国自 1998 年实施积极财政政策以来，国债管理的重要性和复杂程度越来越高，客观上需要越来越重视计量分析手段在国债管理中的运用。首先是国债的存量规模和年度新增量以及付息的规模均有大规模增长。国债的年度发行量从 1998 年的 4000 多亿元增长到 2013 年的 1.9 万多亿元，2014 年年底的国债存量达到了 9.6 万亿元。年度国债利息支出从 70 多亿元到增长到 2500 多亿元，利息支出占当年财政税收收入的比重从 1998 年不足 1% 攀升到 2014 年的 2.1%。其次是国债发行所面临的利率环境日益复杂，发行成本的不确定性越来越大。以 2014 年下半年为例，10 年期国债收益率从 4.1% 下跌到 3.6%，下跌了 50 个基点。随着我国利率市场化进程的加快，未来利率的大幅波动可能会常态化。因此提高国债管理的科学性和前瞻性，降低国债筹资成本，防范国债管理面临的风险，是摆在我们面前迫切需要解决的一个重大课题。

2014 年，财政部在网站首次发布中国关键期限国债收益率曲线时，财政部有关负责人表示"为了健全反映市场供求关系的国债收益率曲线，下一步将继续深化国债管理制度改革，不断完善国债市场运行机制，抓紧研究实现国债收益率曲线从关键期限国债扩展到涵盖短中长等全部期限国债的完整发布。为此，财政部国债管理工作将着重围绕以下几方面展开：一要继续借鉴国际通行做法，抓紧开发运用国债管理战略计量分析工具，进一步优化国债结构和发债节奏。二要着力完善关键期限国债发行计划，以及 1 年以下短期国债和 10 年以上长期国债的发行计划，进一步完善市场化发行定价机制。三要与有关部门、广大市场参与者和投资者一道，研究完善国债二级市场运行机制，进一步改善国债流通质量和价格形成机制，以便国债收益率曲线能够充分反映市场供求关系。"

运用计量分析手段制定及实施中国国债管理战略，是我国"十二五"规划有关深化国债管理制度改革的重要内容，是贯彻落实党的十八届三中全会关于建立规范合理的中央和地方政府债务管理和风险预警机制的重要举措。在此背景下，本课题的主要内容是借鉴高收入经济体国债管理战略的制定及实施经验，结合中国国债市场实际状况，研究建立中国国债管理战略计量分析工具，即研究和开发中国国债筹资成本与市场风险管理计量分析模型。开展国债管理战略计量分析研究的目标是科学地制定国债发行计划和中长期国债管理战略，定量优化国债组合结构和国债发行节奏，尽可能节省国债利息支出和有效管控市场风险，促进国债市场稳健运行和国家财政可持续发展。

开展国债管理战略计量分析的研究，标志着国债管理工作开始纳入定量分析工具，国债管理工作从以定性分析为主开始向定性分析与定量分析并重方向转变，对于提升政府债务管理水平和加强政府债务管理能力建设具有重要意义。

第一，开展国债管理战略计量分析研究能够为国债管理的实际操作提供重要依据，使制定国债发行计划的流程更加科学化。开展国债管理战略计量分析，能够使债务管理者精确地计量债务管理战略的成本和风险，在此基础上进行成本与风险的权衡，优化国债结构。在未来，定量分析得到的结果将不仅仅是做参考，更可能成为国债管理实际操作中的重要依据，还有可能产生一定的经济效益。比如，德国通过精细化的计量分析并以数据为基础进行操作，每年可节省约 5 亿～7.5 亿欧元的国债利息支出。同样，中国也存在通过优化国债结构产生经济效益乃至社会效益的空间。

第二，开展国债管理战略计量分析研究能够显著提高我国国债发行管理的精细化程度，提高中长期国债发行预测的科学性。通过对模型和系统的不断完善，将国债管理工作所关注的主要指标变量纳入其中，通过计算机模拟技术提高对未来宏观和市场环境的预测能力，使中长期规划更具合理性。

第三，开展国债管理战略计量分析与财政部目前研究的中期财政规划管理相契合。在党的十八届三中全会通过的《中共中央关于全面深化改革若干重大问题的决定》中明确提出"建立跨年度预算平衡"。财政部部长楼继伟表示，为实现跨年度财政平衡，财政部将研究实行中期财政规划管理，编制财政三年滚动规划。当前预算管理注重收支平衡，但实际执行中可能因为税收的时滞效应造成与实际宏观调控方向相反的效果。因此，建立较长期限的财政规划及滚动管理，对于实现跨年度平衡机制，更好地进行宏观调控具有重要意义。国债管理战略计量分析可以通过模拟技术对未来年度的国债发行方案进行优化，符合财政部实行中期财政规划管理的方向。

第四，对于加强地方政府债务管理能力建设具有重要参考价值。尽管地方政府债务管理在发行机制和二级市场建设方面与国债管理存在差异，但是在优化债务结构、改善债务管理质量方面有着很大的共同之处。因此，开展国债管理战略计量分析研究，其原理和方法在很大程度上适用于地方政府债务管理工作，对于贯彻落实党的十八届三中全会提出的"建立规范合理的中央和地方政府债务管理和风险预警机制"具有重要作用。

本课题的主要研究思路是：首先，从国债管理战略的理论出发，对国债管理战略及目标进行定义，指出国债管理战略关注的主要因素。其次，对目前国际上较主流的国债管理战略三大计量分析方法进行综述，并对八个具有代表性的国家的国债管理战略计量分析方法进行综述和总结。在此基础上，结合中国实际情况，构建中国国债管理战略计量分析模型，并对中国国债管理战略计量分析模型进行实证。

本课题模型的理论框架和使用原理是：通过均衡模型来预测融资需求，并采用季度相对均衡法进行年度融资额的分配；采用尼尔森—西格尔模型与宏观经济变量的联合模型，通过选取居民消费价格指数、GDP、7天回购利率、社会融资规模四个指标与收益率曲线的三个因子，建立七元向量自回归模型，来预测未来的利率期限结构。在此基础上，对各个备选方案进行模拟，得到各个备选方案的付息额度、付息额度的方差、尾部风险、情景风险和动态风险等成本与风险指标，并对每种方案进行综合评分。本课题利用后发优势，比较充分地吸收了国际上的先进经验，同时结合中国实际情况，在对成本和风险指标进行分析并对管理战略进行综合评价方面，进行了有益探索。

实证结果表明，短期债券占比较大时付息成本较小，但方差较大；长期债券占比较大时，付息成本会较大，方差和情景风险较小，但尾部风险和动态风险较大。为了综合权衡成本和各项风险，本课题采用层次分析法构建了一套综合评价方法，对每种方案进行评分并进行排名。评分结果表明，2014年实际执行的发债方案发行了较多的短期债（1年期）以及较多的中长期债（7年期和10年期），导致2014年方案的方差较大，并且付息成本也较大，综合排名较为靠后。中期战略、短期战略以及均衡战略的排名较为靠前，较好地兼顾了成本与风险，并且考虑到国债的金融功能，为完善国债收益率曲线需要，建议各期限的国债发行需要相对均衡。

本课题尽可能地在全面考虑当前中国实际情况的基础上构建国债管理战略计量模型，但也存在客观条件的局限性。首先，没有讨论二级市场的建设完善问题。建立一个流动性好的国债二级市场可以在长期内有效降低国债成本。但是受研究周期的限制，本课题的目标是研究建立一套比较完备并且可操作性强的计量分析工具，二级市场的建设完善问题不在本报告中展开论述。其次，还有一些因素未能纳入模型处理范围。根据实际情况，本课题研究的风险类别暂时限定为利率风险，在未来的研究中可以逐渐引入其他风险类别。同时，由于客观条件及数据所限，中国国债管理战略计量分析模型可能存在一定的局限性，这也是未来模型的长期优化和动态发展方向。比如，模型未考虑政策性金融债和地方政府债券与国债的互补作用，未考虑国债负担率过高的影响，未考虑国债的单期发行规模对发行成本的影响，未考虑需定性分析的问题等。

第二章 国债管理战略理论概述

第一节 国债管理战略的概念

一、国债管理战略的历史背景

根据国际货币基金组织 2014 年 4 月发布的《政府债务管理指引》(修订版),政府债务管理战略,就是要在中长期时间跨度内,综合考虑政府债务的成本和风险,确定符合政策目标的政府债务规模和结构。20 世纪 80 年代末之前,一套综合的、完整的政府债务管理战略在国际上是非常罕见的。就经合组织成员国来说,当时政府在进行债务管理时,没有明确的债务管理目标和相关的政策框架作支持。政府在进行融资决策时,经常带有政治动机或者单纯以最小化债务成本为目标。另外,当时的政府债务管理体系也非常混乱。债务管理职能分散在许多机构中,这些机构通常只关心自身的利益。在很长一段时期,国有企业的负债迅速增加,地方政府债务水平快速提高,政府或有负债规模增长迅速,使这些国家面临严峻的债务形势。许多国家的政府债务负担率经常大于75%,且年利息支出占税收收入的比重大于20%。在这种形势下,债务管理者开始进行全面的政府债务管理改革,提升自身的政府债务管理水平。

20 世纪 80 年代末,在严峻的债务形势下,最早进行改革的债务管理者如爱尔兰、新西兰和瑞典等国对政府债务管理产生了新的认识。他们认识到,除了债务水平之外,政府债务的结构也非常重要。政府债务管理中,低质量的决策会大大增加政府资产负债表的风险,相反,一个谨慎、精细的债务管理战略和一套健全的宏观经济调整政策对缓释国内外金融市场的冲击具有重要作用。基于这种认识,他们开始采用更加专业的方法来进行政府债务管理。

1998 年爆发的东南亚金融危机再次印证了提高政府债务管理水平的重要性。在这次危机中,汇率政策、税收制度和金融管制之间的相互作用使得包括政府在内的市场参与者承担了巨大的风险,也显示出政府债务管理的薄弱。因此在危机之后,韩国、泰国等国都特别注重加强政府债务管理。

在债务管理改革过程中,放松金融部门管制以及金融产品创新同样扮演着重要角色。一方面,国内金融市场管制的放松使得债券市场快速发展,并将货币政策从政府债务管理中分离出来。这样债务管理者就可以通过在一级市场发行债务工具来追求他们的成本和风险目标,中央银行也可以通过在二级市场上买卖政府债券或其他不依赖于一级市场的方式来达到其货币政策目标。另一方面,全球资本管制的放松使得资本流动快速增长,利率、汇率等指标波动性的增加使得金融产品的种类大幅增加。因此,政府可以灵活地选择金融工具,通过调整资产负债组合来管理成本和风险,从而提高政府债务管理质量。

二、各国对国债管理战略的定义

根据最新的《政府债务管理指引》(修订版)中的定义,政府债务管理是指围绕政府债务管理目标的实现而制定和执行政府债务管理战略的过程。政府债务管理的主要目标是在中长期内以较低的成本和谨慎的风险程度举借债务,以确保满足政府的融资需求。值得注意的是,在世界银行和国际货币基金组织于 2001 年、2003 年和 2014 年分别发布的三版《政府债务管理指引》中,关于政府债务管理主要目标的表述基本没有变化。除了主要目标之外,不同国家的政府还可能设定其他的债务管理目标(见表 2 - 1),其债务管理也要尽可能地满足这些目标。

表 2 - 1 　　　　　　　 各个国家政府债务管理目标举例

国家	政府债务管理目标
澳大利亚	在风险敞口可接受的情况下,以最低的成本筹集并管理联邦债务
比利时	最小化政府债务成本,同时使风险保持在事先设定的范围内
巴西	在充分考虑风险的情况下减少债务成本;促进本国债券市场的发展
加拿大	为政府提供稳定的、低成本的资金;维持并完善本国债券市场
哥伦比亚	在风险容忍度内最小化长期成本,同时权衡风险与收益;发展本国债券市场
丹麦	在考虑风险的情况下保持尽量低的债务成本
芬兰	最小化债务成本,同时使风险不超过合理水平

国家	政府债务管理目标
爱尔兰	为到期债务再融资；在保持短期和长期流动性及有效控制债务成本水平和波动性的前提下管理存量债券
意大利	尽量降低债务成本和风险
墨西哥	能够容易地分期偿还外债；在对再融资风险进行限制的情况下尽量降低成本
荷兰	在长期内以最有效的方式筹资，即在风险可接受的情况下最小化融资成本
新西兰	在政府的财政战略框架下和可接受的风险范围内，最大化政府金融资产和负债的长期回报率
葡萄牙	稳定地满足政府的融资需求；在长期内最小化政府债务成本并服从政府制定的风险策略
韩国	保障政府的融资需求；中长期内最小化债务成本；培育本国债券市场
瑞典	在现有框架和风险范围内，最小化短期和长期内的债务成本
泰国	降低债务成本；管理再融资风险；管理政府的融资需求；促进本国债券市场发展
英国	在考虑风险的情况下最小化中长期债务成本；以最具成本效益的方式管理国库现金需求
美国	满足政府的融资需求并最小化债务成本

三、本课题研究中我国国债管理目标

结合以上国家的经验，本课题从研究的角度提出我国国债管理战略目标，即确保以合理的发债成本和市场风险完成财政筹资任务，促进国债市场和地方政府债券市场持续健康发展。

在现阶段的课题研究中，我国的政府债务界定为国债，地方政府债等与国债有一定互补性的债务工具将在模型的后续优化过程中进行考虑。

因此，政府在制定债务管理战略时应从中长期角度出发，尽可能减少预期债务成本，并将风险控制在可接受的范围内。然而，成本很小的债务组合通常包含着很大的债务风险，比如，大量发行短期债和浮动债在短期内可以有效降低政府的债务成本，但这样会使政府债务完全暴露于市场的波动中，从而使政府面临较大的风险，对政府的偿债能力造成不利影响。所以在制定债务管理战略的过程中，政府需要根据自己的风险容忍度，在成本和风险之间进行权衡。

在制定债务管理战略时，政府债务管理部门通常要面临以下选择：（1）理想的国内债务和国外债务比例；（2）理想的期限结构和债务流动性；（3）合适的久期和债务的利率敏感性；（4）国内债务应该以固定利率还是采用通胀挂钩形式发行；（5）债务组合的转化方式，通常有掉期等对冲方式，及回购、换券等方式。

综上所述，国债管理战略是围绕实现国债管理目标而制定的一个最优的中长期计划，根据债务管理部门对成本和风险的偏好，确定合理的债务组合结构。国债管理战略将通过国债发行的品种结构和期限结构管理、负债管理等方法来实现。由于现阶段我国国债品种较为单一，因此，本课题研究的国债管理战略主要是中长期内最优国债期限结构的制定和执行。

第二节 国债管理战略关注的主要因素

国债管理战略关注的主要因素是成本和风险，政府应建立一个框架来识别成本和风险，并对其进行有效的权衡。

一、国债管理战略关注的成本因素，其中以财务成本为主

政府债务的成本有两个组成部分：一是财务成本，即在中长期内债务付息的成本；二是当政府无力继续发行债务或违约而引发金融危机造成的实体经济损失的潜在成本。实际操作中，通常计算财务成本—中长期的债务付息成本，可以根据假设的未来利率、汇率和融资需求计算出来。债务成本的计量指标主要有利息支出绝对额度、利息支出/GDP、利息支出/政府收入、利息支出/政府支出以及政府债务余额/GDP 等。

二、国债管理战略关注的风险因素，其中以利率风险为主

2008 年全球金融危机以来，尤其是欧洲主权债务危机以来，政府债务管理中对风险控制的关注度大幅提升。世界主要国家在实现政府债务管理目标的过程中都非常重视风险管理这一环节。

政府债务组合面临的风险主要有市场风险（包括利率风险和汇率风险）、再融资风险、流动性风险、信用风险和操作风险。一个政府债务组合面临的风险大小取决于这个债务组合的构成，包括短期债务与长期债务的比例、浮动利率债与固定利率债的比例以及外币计价的债务比例等。

市场风险是指债务成本随市场的变化而增加的风险，最常见的市场风险是利率风险和汇率风险。利率风险是指市场利率的变动使债务成本增加的风险。当固定利率债到期需要再融资时，以及浮动利率债到利率重置日时，市场利率的变化都会对债务成本产生影响。因此，人们经常认为短期或浮动利率债比长期或固定

利率债的风险更大。一般说来，通过降低政府债务中浮动利率债的比例、增加长期债务的比重、提高在成熟市场发行外债的比重等方式，可以降低政府债务管理中的利率风险。在实际管理中，可以通过利率互换和赎回等手段对负债进行灵活管理。传统的衡量利率风险的指标包括久期（Duration）、平均利率重置时间（Average Time to Re-fixing，ATR）和浮动利率债在债务组合中的比例等。汇率风险是指汇率变化导致债务成本增加的风险，当以本币计量外币债的价值时，汇率的波动会造成债务成本的波动。从国际经验来看，债务管理者一般倾向于降低政府债务中外债部分的比重以减少汇率波动造成的风险。衡量汇率风险的指标包括本币债务在债务组合中的比例以及短期外债与国际储备的比例等。

再融资风险是指需要再融资时，需要支付很高的成本或根本无法完成再融资的风险。相关指标包括平均待偿期（Average Time to Maturity，ATM）、1 年内到期债务的比例、每年到期债务额度的分布（Shape of Redemption Profile）等。

流动性风险是指由于遭遇不可预见的现金偿还压力，同时短时间内筹集资金存在困难，并且流动性资产迅速流失的风险。

信用风险是指政府在以招标方式发行债券的过程中，从事涉及信用担保活动时，或者进入衍生合约时，对手方可能发生违约的风险。当债务管理包含流动性资产的管理时，信用风险显得尤为重要。

操作风险是指下列一系列风险，包括在执行交易的诸多环节中出现的交易错误、内部控制失误、名誉风险、法律风险、影响债务管理者达到债务管理目标的自然灾害等。

需要指出的是，政府可以根据本国的实际情况，灵活选择相关指标对成本和风险进行度量。总体来说，高收入经济体拥有较为完善的债券市场，这些国家关注的风险主要是市场风险，会用复杂的模型来量化并评价市场风险；与此不同，新兴市场国家和低收入国家较难进入国外资本市场融资，而且其国内债券市场也相对欠发达，这些国家关注的主要是再融资风险。

中国国债管理战略计量分析模型度量的成本主要是付息成本，不包括发行成本和发行费用等，度量的风险主要是市场风险中的利率风险。

较为准确地计量成本和风险之后，政府就要根据自己的风险容忍度来对成本和风险进行权衡。随着政府债务组合及其抵御经济、金融危机的能力不断变化，政府承担风险的意愿也随之变化。大体来说，政府债务组合规模越大，其在金融危机和政府违约中遭遇损失的风险就越大，也就越应该先考虑降低风险而不是成本。因此，政府债务管理战略选择应包含合适的债券待偿期、货币种类和利率形式以降低风险。

综上所述，国债管理战略关注的主要因素是成本和风险，政府在有效计量成本和风险的基础上，根据自身的风险容忍度在二者之间进行权衡，从而制定有效的国债管理战略。

第三节 国债管理战略的绩效评估

债务管理绩效评估主要是指对一个国家的债务管理情况进行有效评价，旨在通过评估来识别债务管理中可能存在的风险，进而促使相关债务管理部门及时调整债务管理战略，提升债务管理水平。

目前，世界银行提出了一套完善的债务管理绩效评价工具（DeMPA），并通过多种方式向各中低收入经济体推荐使用。该债务管理绩效评价工具对债务管理绩效的评估是非常全面的，共涉及债务管理方针和策略、协调宏观经济政策、发债和相关融资活动等 15 项评价指标。根据初步统计，世界银行已对世界近 60[①]个中低收入经济体的债务管理情况进行了评估。随着应用范围的扩大，世界银行推出的债务管理绩效评价工具已逐渐成为债务管理领域中的一个重要的评价标准。

一、世界银行债务管理绩效评价工具的使用方法

（一）债务评价指标（DPI）与评价维度

债务管理绩效评价工具内含 15 项债务评价指标[②]，35 个评价维度，覆盖整个债务管理周期，旨在实现对债务管理绩效的全面评价。在债券管理绩效的评价过程中，除法律框架评价指标和债务管理操作评价指标只有一个评价维度外，其余 13 个指标均具有多个评价维度。因不同维度的关注点有所不同，所以同一指

---

① 依据 2011 年世界银行的宣传数据。

② 指标 1 为法律框架，指标 2 为债务治理结构，指标 3 为债务管理战略，指标 4 为债务管理操作评价，指标 5 为债务审计，指标 6 为协调财政政策，指标 7 为协调货币政策，指标 8 为国内市场借款，指标 9 为国外市场借款，指标 10 为贷款担保、转贷和金融衍生产品，指标 11 为债务现金流的预测和结存管理，指标 12 为债务管理与数据安全，指标 13 为工作人员职能分工、工作能力以及业务持续性，指标 14 为债务记录的时效性、完整性和安全性，指标 15 为债务报告的质量。

标的评估结果可能会因为评价角度的不同而略有差异。

（二） 债务管理绩效评价方式

债务管理绩效评价工具 15 项债务评价指标的评估结果按 A、B、C 和 D 四个等级进行划分。若债务管理战略满足相应指标最低要求[①]，则该指标得分为 C，否则得分为 D，即债务管理在该指标覆盖方面存在缺陷；若债务管理战略达到评级标准最高要求，则该指标得分为 A；若得分为 B，则是相关方面的管理水平处于标准 A 和 C 之间。如果缺少评估所需的信息资料，则用 N/R 进行标注，表示无法进行评估。

（三） 债务管理绩效评估方法

对政府有关部门债务管理绩效的评估，实质上是应用债务管理绩效评价工具 15 项债务评价指标，以达到分析评估债务管理绩效的目标。

举例来说，在评估法律框架的过程中，一是判断是否通过立法方式明确授权相应机构或部门进行举债和债务管理；二是判断相关文档是否详述举债目的；三是判断是否明确债务管理目标；四是判断是否要求该机构或部门制定债务管理战略。如果评价结果仅满足标准 1 和 2，则该指标得分为 C；在 C 的基础上，又满足标准 3，则得分为 B；如果标准 1、2、3 和 4 同时满足，则得分为 A；未达到最低标准 C 的要求，该指标得分将为 D，即不合格。

二、中低收入经济体债务管理绩效评估情况

目前，世界银行并未对中国的债务管理水平做出评估[②]，但已利用债务管理绩效评价工具对其他近 60 个中低收入经济体的债务管理绩效进行了评估，评估结果见图 2-1。

从统计结果看，在部分债务指标上，大多数国家不合格，如债务现金流的预测和结存管理指标，在被评价的中低收入经济体中只有 14 个国家达到了最低标准或以上；而债务管理与数据安全指标只有 10 个国家满足最低标准，占比约 17.5%。但同时，存在部分指标，如国内市场借款指标，大部分中低收入经济体得到了 C 或更高的评分。

---

① 债务管理绩效评价工具对 15 项债务评价指标得分 A、B、C、D 均设有相关评估标准。
② 依据 2011 年数据。

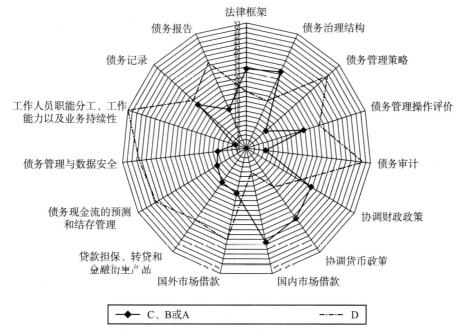

图 2-1 中低收入经济体债务管理绩效评估结果

综合来看，大部分中低收入经济体的债务管理战略亟待完善，以提高本国的债务管理水平，降低债务成本和风险。

第三章　国债管理战略计量分析方法

目前，国际上主要有三种国债管理战略计量分析方法，分别是成本与风险计量分析方法、中期债务管理分析方法和主权资产负债管理分析方法。中期债务管理分析方法是由世界银行和国际货币基金组织开发的一套较为简单的辅助制定中期债务管理战略的框架。成本与风险计量分析方法的框架和中期债务管理分析方法基本相同，但在精细度和准确度方面均较中期债务管理分析方法有较大提升，是中期债务管理分析方法的深化。与以上两种方法不同，主权资产负债管理分析方法是基于资产负债表的主权资产负债管理框架，旨在评估主权资产负债表的可持续性并就潜在的脆弱性提供相应政策建议，在设定的风险范围内实现融资成本最小化和资产收益最大化，使用条件比另外两种方法更加苛刻。

第一节　成本与风险计量分析方法

一、成本与风险计量分析方法概述

成本与风险计量分析方法是在国际上占据主流地位的国债管理战略计量分析方法。政府债务管理者在制定政府债务管理战略的过程中，要根据本国的风险容忍度来权衡每个战略的成本与风险，成本与风险计量分析方法就是运用计量经济学方法对影响国债成本和风险的因素建模并进行模拟分析，使得债务管理者能够测试不同模拟情景下不同债务管理战略对应的成本和风险，帮助政府优化发债方案。

目前，以成本与风险计量分析方法为基础建立国债管理战略计量分析模型的高收入经济体主要有加拿大、英国、丹麦和瑞典等，中低收入经济体主要有巴西和土耳其等。由于各国所处的发展阶段和实际情况各不相同，因此不同国家会根据本国的具体情况来确定模型的具体形式。但是，这些国家所用的模型架构和思想基本上是一致的，即在有效计量成本和风险的基础上，根据自身的风险容忍度在二者之间进行权衡，从而制定有效的国债管理战略。

成本与风险计量分析方法的基础架构如图3-1所示。

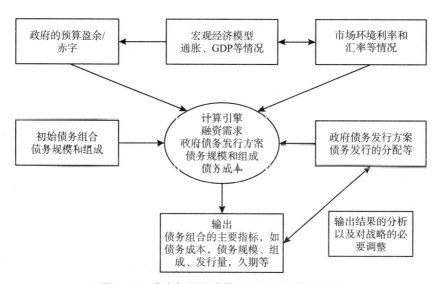

图3-1　成本与风险计量分析方法的基础架构

成本与风险计量分析方法主要可以分为5个模块，分别是市场环境模块、政府的预算盈余（赤字）模块、政府债务发行方案模块、计算引擎模块和输出模块。其中市场环境模块、政府的基本预算盈余（赤字）模块、政府债务发行方案模块是模拟前的3个主要输入性模块，输出模块是计算引擎进行模拟之后输出各项指标的模块。

第一，市场环境模块。市场情况主要是指市场利率和汇率的变化情况，这二者是影响国债融资成本与风险的决定性因素。就利率模型来说，成本和风险相关指标对于利率模型的选择和参数估计具有很高的敏感性。因此，建立准确的符合未来预期的利率期限结构模型，是预测未来融资成本以及风险的核心。目前，各国主要是基于利率的历史变化情况对利率模型的参数进行估计，即利用历史数据进行回归从而完成参数估计。这种方法的好处是，模拟出的未来利率期限结构能够反映利率水平和波动性的历史特点。当然，这种方法对于历史数据区间的选择具有一定的依赖性。利率模型的参数估计结果将作为计算引擎模块的输入变量。

第二，政府的预算盈余（赤字）模块。该模块的主要功能是对未来特定时间段内政府的预算赤字（盈余）进行预测，预测结果将作为计算引擎模块的输入变量。有些国家的预算赤字（盈余）是作为外生变量进入到计算引擎模块中，在这些国家，政府的预算赤字（盈余）是在确定性情景中生成的，比如，可以从财政部的预测中获取。有些国家则通过随机模型将这一指标作为内生变量估计出来。这时，预算盈余（赤字）通过宏观经济模型和市场情况连接起来，这样的模型描述了政府预算赤字、经济周期和利率期限结构的联合变动情况。

第三，政府债务发行方案模块。成本与风险计量分析模型的目的是权衡不同发债战略的成本与风险，进而制定最优的债务发行方案。因此，债务发行方案也需要作为模拟计算模块的输入变量。输入债务发行方案时，需要明确未来债券发行在不同期限结构上的分布和新发债券的频率等。根据经验来看，新兴市场国家的现有债务发行方案与长期内理想债务发行方案的差距要比高收入经济体大得多。因此，新兴市场国家在输入政府债务发行方案时，要充分考虑债务发行方案转换的各种因素。

第四，计算引擎模块。将利率模型的参数估计结果、政府的预算盈余（赤字）、发债战略以及现有债务组合未来的现金流，作为输入量开始进行模拟。模拟时，系统会为宏观经济和金融变量模拟出大量不同的路径，并以此为基础计算相关指标，例如政府债务的发行成本和风险度量指标等。

第五，输出模块。在计算引擎模块完成工作后，输出模块输出政府债务组合的代表性成本度量指标和风险度量指标。成本与风险度量指标的选取和计算方法需要提前确定。当债务管理者有明确的债务管理目标时，可以将模拟出的结果与债务管理目标进行比较，选择模拟结果与债务管理目标最接近的发债战略。这样，成本与风险计量分析模型就为债务管理者的决策提供了量化基础。

随着时间的推移和技术的演进，成本与风险计量分析方法架构一直处于动态的演化过程中。在实际使用过程中，模型的使用者会对模型的细节进行调整和改进，使其更加适用于本国的实际情况。比如，使用者可以对宏观经济模型、利率模型和政府的预算盈余（赤字）模型等模型的形式或参数进行调整，使得模拟结果更贴近各经济变量的真实走势，也可以根据自身需要调整成本和风险的计量指标。

二、成本与风险计量指标

从各国实践来看，在制定和实施政府债务管理战略之前，必须首先明确一个关键问题，即如何清晰定义债务管理战略的成本与风险指标。这是因为，政府融资需求可以通过多种债务组合实现，但是每一种组合都伴随着不同的成本与风险，并且这些成本与风险往往存在着此消彼长的关系。因此，只有精确分析不同政府债务管理战略的成本与风险，才可能在可接受的风险范围内挑选出相对最优的政府债务管理战略。

（一）成本的计量

债务成本有多种计量方法，主要包括名义成本和实际成本两种统计口径，较为常见的计量指标包括利息成本、利息成本/GDP、利息成本/政府收入、利息成本/政府债务总额等。瑞典、丹麦、加拿大等国采用的成本度量指标是利息成本，英国则采用利息成本/GDP指标来度量成本。此外，有些债务管理者也会综合考虑中央政府的资产负债情况和债务管理目标等方面选取合适的债务成本计量指标，并进行动态调整。以土耳其为例，2007年之前土耳其使用累计利息衡量债务成本，2007年之后则使用一段时间内的利息支出额和债务存量来衡量债务成本，2011年起还加入了通胀调整的债务存量这一指标。

在本课题构建的中国模型中，采用未来每一季度预期的付息额度计量国债管理战略的成本，第 i 年第 j 季度末的付息额度记为 $C_{i,j}$。

假设模拟次数为 M，那么对于每一个季度，都能得到 M 个模拟结果，即

$$C_{i,j}^{(1)}, \ C_{i,j}^{(2)}, \ \cdots, \ C_{i,j}^{(M)} \tag{3-1}$$

对这 M 个数值取平均值，就可以估计预期的付息成本：

$$\overline{C}_{i,j} = \frac{\sum_{m=1}^{M} C_{i,j}^{(m)}}{M} \tag{3-2}$$

考虑到付息成本的时间价值，本课题尝试增加采用付息成本折现指标来衡量国债管理战略的成本，即用中债银行间固定利率国债收益率曲线对付息成本进行折现，记为 $\overline{C}_{i,j}^{PV}$。

（二）风险的计量

国债管理战略的风险是指债务成本对风险因子的敏感程度，主要包括利率风险、汇率风险和再融资风险三部分，它们的计量指标和管理方法也各不相同。在现阶段，中国国债管理战略计量分析模型中主要关注的是利率风险。

利率风险主要是指市场的不确定性对国债融资成本造成的影响。利率风险不仅体现在新发行的固定利率国债的票面利率，还表现为浮动利率国债的基准利率

调整，两者均会对债务融资成本产生显著影响。一般来说，适当降低浮动债的比例、增加期限较长的债券的比重有利于降低政府债务面临的利率风险。我国目前没有浮动利率国债存量，因此面临的主要利率风险是新发债票面利率变动对融资成本造成的影响。利率风险可以用付息额度的方差、尾部风险、情景风险、动态风险和时间序列风险等指标进行计量。

1. 付息额度的方差

将第 i 年第 j 季度末的付息额度记为 $C_{i,j}$，其方差 $\text{Var}(C_{i,j})$ 可以用于刻画付息额度的波动情况。

对于每一次模拟，计算出各季度的付息额度

$$C_{1,1}^{(m)}, \ C_{1,2}^{(m)}, \ \cdots, \ C_{i,j}^{(m)}, \ \cdots; \tag{3-3}$$

模拟 M 次后，可得到 M 个第 i 年第 j 季度的付息额度 $C_{i,j}^{(1)}, \ C_{i,j}^{(2)}, \ \cdots, \ C_{i,j}^{(M)}$，再计算该序列的方差，即可得到付息额度的方差。

这一方法的优点在于计算过程比较容易实现，同时可以刻画出付息额度的波动程度。付息额度的方差越大，说明该发债战略付息额度的不确定性越高。

2. 尾部风险

本模型采用在险成本（Cost at Risk，CaR）来反映尾部风险。该指标是各国普遍采用的度量国债管理战略风险的指标。从量化的角度来看，在险成本是计算出未来一段时间内的利息成本分布函数的95%分位点。其具体定义如下：

$$\text{CaR}(C(T), \ p) = \sup\{z : P(C(T) \leq z) \leq p\}, \tag{3-4}$$

其中，$C(T)$ 表示每一个模拟出的息票轨道上前 T 年的息票总和，即

$$C(T) = \sum_{i=4}^{T} \sum_{j=1}^{4} C_{i,j}. \tag{3-5}$$

p 为置信度，通常取95%，反映了前 T 年的息票总和 $C(T)$ 控制在给定水平 z 以下的概率。

在险成本的优点在于其考虑了极端情形，即在 T 年内，只有 $1-p$ 的概率，政府需要付息的额度会超过在险成本。在险成本的值越大，说明该管理战略的风险越大。

3. 情景风险

情景风险衡量的是在随机模拟的过程中，不同的情景下成本的相对波动范围，具体定义为：

$$R_{SC}(T) = \frac{VaR_{95}(C(T))}{VaR_{50}(C(T))} - 1 \tag{3-6}$$

其中，$VaR_{95}(C(T))$ 和 $VaR_{50}(C(T))$ 分别表示 $C(T)$ 的95%分位点和

50%分位点。情景风险 $R_{SC}(T)$ 可以用来刻画不同模拟轨道的息票总和的差异，计算方法为：

（1）对每一次模拟，得到第一年到第 T 年的每个季度付息额度的数据：

$$C_{1,1}^{(m)},\ C_{1,2}^{(m)},\ \cdots,\ C_{T,4}^{(m)}. \tag{3-7}$$

将其求和得到 $C^{(m)}(T)$。

（2）进行 M 次模拟后，可以得到 M 个随机数 $C^{(m)}(T)$，$m \leqslant M$。然后计算该随机数的50%和95%分位点，从而得到情景风险的估计值：

$$R_{SC}(T) = \frac{VaR_{95}(C(T))}{VaR_{50}(C(T))} - 1. \tag{3-8}$$

由于未来利率水平的不确定性，付息额度在模拟过程中会在一个范围内变动，而这个变动的分散程度越高，风险也就越大。$R_{SC}(T)$ 这一指标采用分位点的比值可以直观地衡量分布的离散程度，进而反映风险的高低。

4. 动态风险

在对未来各个季度的付息额度进行动态模拟时，需要考虑不同季度之间的付息成本的关联性，即通过上一期的付息额度来预测本期的付息额度。可以利用自回归模型来刻画相邻两个季度的付息额度之间的关系。

具体模型如下：

$$C_l = \phi_{0,l} + \phi_{1,l}C_{l-1} + \varepsilon_l^c \tag{3-9}$$

其中 C_l，$1 \leqslant l \leqslant 40$ 来表示今后10年各个季度的付息额度序列，$\phi_{0,l}$ 和 $\phi_{1,l}$ 是待估计的参数，它们和 l 相关，因为每两季度之间都要进行一次回归。我们假定残差项 ε_l^c 是服从期望为0，方差为 ξ_l^2 的正态分布，ξ_l 可以通过统计估计确定。不难看出，序列 ξ_l^2，$l \geqslant 1$ 刻画的就是债券发行的动态风险，因此我们需要关注 ξ_l^2 随着季度变化的情况。

估计出以上参数，就可以采用条件分布，即利用前一季度的付息额度来估计本季度的付息额度的分布：

$$f(c_l \mid c_{l-1}) \sim N(\hat{\phi}_{0,l} + \hat{\phi}_{1,l}\bar{c}_{l-1}, \xi_l^2) \tag{3-10}$$

其中 ξ_l^2 越小，越能准确地通过上一期的付息额度来预测本期的付息额度，说明该国债管理战略的动态风险越低。

5. 时间序列风险

时间序列风险是反映利息支付平稳性的指标。时间序列风险的刻画是通过对每条模拟轨道的线性趋势进行拟合得到的。未来各个季度的息票序列采用 C_l，$1 \leqslant l \leqslant 40$ 来表示。对于每条轨道，在今后10年可以得到数据 $C_l^{(m)}$，$1 \leqslant l \leqslant 40$。

假设付息额度序列满足

$$C_l^{(m)} = a_0^{(m)} + a_1^{(m)} l + \varepsilon_l^{(m)}, \quad 1 \leqslant l \leqslant 40. \qquad (3-11)$$

对于得到的 M 条模拟轨道，按照如下的方式来计算风险度量值：

对于每个模拟轨道 m，得到 $C_{i,j}^{(m)}$，$i \leqslant 10$，$j = 1$，2，3，4，将该轨道上的这 40 个值进行线性回归，得到对应的估计值序列 $\overline{C}_{i,j}^{(m)}$，$i \leqslant 10$，$j \leqslant 4$；

对于第 m 次模拟，可以得到 40 个绝对偏差 $H_{i,j}^{(m)}$：

$$H_{i,j}^{(m)} = \left| C_{i,j}^{(m)} - \overline{C}_{i,j}^{(m)} \right|; \qquad (3-12)$$

用 $VaR_{95}(H^{(m)})$ 和 $VaR_{50}(H^{(m)})$ 分别代表第 m 次模拟时绝对偏差 $H_{i,j}^{(m)}$，$i \leqslant 10$，$j \leqslant 4$ 的 95% 分位点和 50% 分位点。

时间序列风险的刻画使用下面的指标：

$$R_{TS} = \frac{\sum\limits_{m=1}^{M} \left(\dfrac{VaR_{95}(H^{(m)})}{VaR_{50}(H^{(m)})} - 1 \right)}{M} \qquad (3-13)$$

时间序列风险实际上也是对于成本的波动情况反映，这一点与情景风险相似，两者的不同之处在于时间序列风险假设了付息额度之间的线性趋势。上述两个指标均采用了 95% 的分位点与 50% 的分位点的比值，这里 50% 的分位点衡量了一般情况下的付息成本，95% 的分位点衡量了极端情况下的付息成本。

汇率风险是指政府债务因汇率波动而产生的影响。当国内债券市场发展相对滞后，或国内投资者参与热情低迷时，政府债务管理者需要在国际市场融资，债务管理的汇率风险由此产生。汇率风险除了与政府债务中外债的比例直接相关外，还可能受到央行外汇储备和资本项目开放程度的间接影响。我国只发行过极少量的外币计价的债券，因此在国债管理战略中暂时不考虑汇率风险。

再融资风险是指政府不能实现滚动融资的风险，或是发债成本高企导致政府无法承担再融资成本的风险。一旦政府不能实现滚动融资，就可能爆发债务危机，从而不仅对金融系统产生严重影响，还会进一步冲击实体经济。再融资风险可以用短期债务/债务总余额、平均久期和当年即将到期的债券/债务总余额等指标进行计量。通过这些指标，债务管理者可以在设计债务管理战略时尽量减小每年到期的债务量的波动。例如，2014 年末我国国债的平均久期约为 6.32 年。

（三）其他相关统计指标

除成本、风险指标外，还有一些其他的相关统计指标，也可以作为国债管理的量化参考。

1. 预期的债务存量

各季度末的债务存量 $O_{i,j}$ 由模拟的债券发行方案决定，即在一个季度末未到期的所有债券本金的总量，它反映了截至某一季度末处于还债期内的债券发行量的总和。下面给出一种可行的计算预期债务存量的方法。

首先，需要找出模拟国债管理战略的起点，统计该时刻的债券存量 $O_{0,4}$。用"0"代表开始模拟发行年度之前的那一年，这样第四季度末就代表了模拟发行前的债券存量。

考虑第 m 次的模拟轨道，通过式（3-14），

$$O_{1,1}^{(m)} = O_{0,4} + I_{1,1}^{(m)} - P_{1,1}^{(m)} \qquad (3-14)$$

得到 $O_{1,1}^{(m)}$。再由式（3-15），

$$O_{i,j}^{(m)} = O_{i,j\,1}^{(m)} + I_{i,j}^{(m)} - P_{i,j}^{(m)} \qquad (3-15)$$

就可以递推出每一期的债券存量。在这里，$I_{i,j}$、$P_{i,j}$ 分别代表在第 i 年第 j 季度内债券的融资额和债券的还本额度。对于 $O_{i,j}^{(m)}$，$m \leqslant M$ 取平均，可以得到预期债务存量 $E(O_{i,j})$ 的估计值。

2. 新发行债券与债券存量的比例

计算每一季度债券发行量占上一季度末债券存量的比例可以直观地反映新发债券对债券存量的影响，具体公式为，第 i 年第 j 季度，新发行债券数量与债券存量的比例为：

$$RIO_{i,j} = \frac{I_{i,j+1}}{O_{i,j}} \qquad (3-16)$$

对于 $RIO_{i,j}$ 的具体计算方法如下：假设对于债券发行进行了 M 次模拟，则对于第 i 年第 j 季度可以得到该季度末债务存量的模拟值

$$O_{i,j}^{(1)}, \ O_{i,j}^{(2)}, \ \cdots, \ O_{i,j}^{(M)}. \qquad (3-17)$$

对第 i 年第 $j+1$ 季度可以得到当季债券发行量的模拟值

$$I_{i,j+1}^{(1)}, \ I_{i,j+1}^{(2)}, \ \cdots, \ I_{i,j+1}^{(M)}. \qquad (3-18)$$

计算出两者的比值为 $\dfrac{I_{i,j+1}^{(m)}}{O_{i,j}^{(m)}}$，最后求出平均值

$$\overline{RIO}_{i,j} = \frac{\sum_{m=1}^{M} \dfrac{I_{i,j+1}^{(M)}}{O_{i,j}^{(M)}}}{M} \qquad (3-19)$$

按照上述方法可以计算得到 $\overline{RIO}_{i,j}$，$1 \leqslant i \leqslant 10$，$j=1$，2，3，4。

3. 存量债的久期

存量债的久期可以在一定程度上反映国债管理面临的再融资风险，记第 i 年

第 j 季度还本付息总和为：

$$D_{i,j} = C_{i,j} + P_{i,j}, \qquad\qquad (3-20)$$

第 m 条模拟轨道对应的久期记为 $Dur^{(m)}(T)$，所有轨道的平均久期为：

$$Dur(T) = \frac{\sum_{i=1}^{M} Dur^{(m)}(T)}{M} \qquad\qquad (3-21)$$

其中 T 为计算考虑的时间段。考虑今后 10 年末的久期情况，取 $T=10$。

4. 加权平均剩余期限

假设第 i 年的第 j 季度末未到期的债券总数为 $Q_{i,j}$，其中第 p 支债券的剩余期限为 $T_{i,j|p}$，债券存量为 $A_{i,j|p}$。则可以定义债券组合的加权平均剩余期限：

$$WA_{i,j} = \frac{\sum_{p=1}^{Q_{i,j}} T_{i,j|p} A_{i,j|p}}{\sum_{p=1}^{Q_{i,j}} A_{i,j|p}} \qquad\qquad (3-22)$$

由于国债管理过程中面临的风险种类较多，管理者需要综合使用多种风险计量方法，从多种角度对债务管理战略的风险进行分析。

第二节　中期债务管理分析方法

中期债务管理分析方法（Medium – Term Debt Strategy，MTDS）是世界银行和国际货币基金组织借鉴各国政府债务管理的经验，开发建立的一套系统性框架。该框架可以辅助各国制定有效的中期债务管理分析方法。金融危机的爆发，清楚地揭示了政府债务组合的结构在应对国际环境变化方面的重要性。对于低收入国家，国际市场汇率的波动以及国际商品期货价格的波动等不确定性因素对本国政府债务的可持续性造成的冲击更为明显；对于中高收入国家，在满足政府财政赤字和融资需求的前提下，合理的政府债务管理战略可以减弱政府债务组合的波动性。这些都凸显出制定一个明确的政府债务管理战略的重要性。

中期债务管理分析方法是辅助各国政府债务管理部门制定合理有效的债务管理战略的一种工具。该框架的核心思想是：在制定政府债务管理战略时，要明确相关的债务成本与风险，协调好其与财政政策、货币政策之间的关系。其目标为不仅要保持政府债务的可持续性，而且要考虑到对本国债券市场发展的促进作用。

中期债务管理分析方法的设计一般包含以下八个步骤。

第一步：明确政府债务管理战略的目标以及所涵盖的范围；

第二步：分析当前政府债务的结构以及成本与风险，重点是债务风险中的利率风险、汇率风险和再融资风险；

第三步：分析潜在的融资渠道，包括每种融资渠道的成本和风险等特点；

第四步：分析制定政府债务管理战略面临的宏观经济环境以及市场环境等因素；

第五步：检验关键的结构性因素；

第六步：输入相关的金融变量，构造现金流模型，使用情景分析法评估每种政府债务管理战略的成本和风险；

第七步：分析财政政策、货币政策以及市场环境等宏观因素对备选的政府债务管理战略的影响；

第八步：对备选的战略提出建议，制定最终的政府债务管理战略。

以上只是中期债务管理分析方法的一般顺序，在实际运用中，这八个步骤的实施顺序不是确定的，可以几个步骤同时进行，也可以按照其他的顺序实施。

债务管理战略制定以后，应当形成一个正式的官方文件，政府债务管理部门参照该战略文件制定每年的筹资计划。另外，在筹资计划实施进程中，应定期监测和评估其对整个债务管理战略的影响，并且当宏观经济或者市场环境发生明显变化时对债务管理战略进行审查。对债务管理战略进行定期监测和审查是有效管理债务风险的一个重要手段。

中期债务管理分析方法给出了政府债务管理战略的总体框架，但是该框架中使用的情景分析法需要人工设定未来的融资需求、市场利率等重要变量，是对复杂现实状况的简单化处理，缺乏对融资需求、市场利率等变量的合理预测。从某种意义上来讲，中期债务管理分析方法只能作为政府债务管理战略宏观框架的指导，我国国债管理战略计量分析需要借助更加复杂的模型。

第三节　主权资产负债管理分析方法

为了有效识别和管理宏观经济的主要风险，许多国家开始尝试运用基于资产负债表的主权资产负债管理（Sovereign Asset and Liability Management，SALM）分析方法。整体上，主权资产负债管理关注公共部门市场风险的管理，以便维持有效的资产负债表，支持可持续性政策和经济增长。主权资产负债管理方法使监测变得非常必要，将汇率、利率、通货膨胀和商品价格的波动对主权资产负债的影响进行量化。

一、国际货币基金组织对主权资产负债表的界定

国际货币基金组织 2001 年制定了"政府财政统计手册",提供了一般政府部门的资产负债表的定义和分类(如表 3 – 1 所示),以确定主权资产负债表中包含的资产和负债的项目。资产是指政府拥有所有权、持有或使用过了一段时间后可能获得经济利益的经济资源。负债是指对其他机构单位的义务。净资产即指资产与负债之间的差额,是评估主权财政可持续性的一个重要指标。

表 3 –1　　　　　　　　国际货币基金组织对主权资产负债表的定义

资产	负债
金融资产(国内和国外)	负债(国内和国外)
现金和存款	现金和存款
股票以外的证券	股票以外的证券
贷款	贷款
股票及其他权益	股票及其他权益(仅限公立机构)
保险技术准备金	保险技术准备金
金融衍生工具	金融衍生工具
其他应收账款	其他应付账款
货币黄金和特别提款权	
	净金融资产
非金融资产	
固定资产	
存货	
贵重物品	
非生产性资产	
	净值

二、主权资产负债管理的目标和实施条件

(一) 主权资产负债管理的目标

主权资产负债管理框架的基础取决于经济政策目标,包括资产负债表的定义、分析框架、对象和工具等,通常这些要素与官方经济政策目标一致时,可以通过主权资产负债管理实现。一般主权资产负债管理包含 7 个目标:(1) 抵消政府资产负债表规模和构成对经济发展的影响;(2) 最小化税收的无谓损

失；（3）最小化财政政策和货币政策不稳定的风险；（4）最小化政府的代理成本；（5）在资本市场不完善的情况下，最大化有效共担风险的机会；（6）信息不对称情况下，提供最优的风险管理依据；（7）最小化效率风险。

（二） 主权资产负债管理的实施条件

主权资产负债管理框架的有效实施需要债务管理者对实体经济进行高水平的制度协调，科学控制和管理主权金融资产和金融债务。理想的情况下，一旦存在制度冲突，就需要在合适的立法环境中进行协调。另外，主权资产负债管理框架取得最佳的效果需要有良好的资本市场基础。在金融基础设施建设不完善的实际情况约束下，主权资产负债管理框架建议的资产或债务分配方案可行性尚存在问题。许多国家尤其是中低收入国家，资本市场尚不够成熟，会限制主权资产负债管理框架的实施范围和效果。

三、主权资产负债管理的计量方法

在运用主权资产负债管理方法去识别主权资产和债务的风险时，不仅要建立本国的主权资产负债表，而且要建立明确的主权资产负债管理目标，使用科学合理的度量方法。在操作中，如何确定最优的储备结构和债务结构有很多种方法，例如均值—方差方法，该方法主要用于在预先设定投资组合波动上限的基础上确定资产的最优配置。同时，在险价值法（Value-at – Risk）和在险成本法（Cost-at – Risk）也是两种常用的方法，分别用于决定一定概率下的最优的储备组合和最优的债务结构。

主权资产负债管理方法对主权资产负债表中金融资产和负债的特性进行联合分析，使决策者在制定战略和政策时可以更加全面考虑各风险来源间的相互关系和关联性。从这一方面来说，主权资产负债管理框架可以通过资产—负债匹配，很容易找到主权资产负债表风险最小化选择方案；同时，主权资产负债管理框架为主权资产组合的综合性压力测试提供了适当的环境。

主权资产负债管理框架的有效实施不仅需要高效的跨部门协调机制以及良好的债务资本市场基础，更需要有完整的主权资产负债表的相关数据。目前我国并未编制主权资产负债表，并且在目前的条件下我们也没有能力对部分主权资产和负债进行估价认定，使得难以获得当前以及历史主权资产负债表的相关数据，因此主权资产负债管理框架暂时无法应用到我国国债管理战略计量分析模型中来。

第四章　国债管理战略计量
分析的国际经验

国债管理战略的计量分析研究是具有重要意义但同时又较少受研究人员关注的领域，可查到的研究成果相对较少，部分国家还没有公开其计量模型的设计。根据财政部的相关经验，并结合世界银行和国际货币基金组织的推荐，我们广泛搜集了国债管理战略的相关资料，重点研究分析了加拿大、瑞典、丹麦、日本、英国和美国等高收入经济体和巴西、土耳其等中低收入经济体国债管理战略的国际经验。

第一节　美　　国

一、政府债务管理基本概况

（一）债务管理目标

美国财政部债务管理政策首要目标是在长期内以最低成本满足预算筹资需要。确立这一目标，即把国债管理从多目标管理转变为单一目标管理。2000 年之前，美国财政部的债务管理目标主要包括三方面：一是长期内筹资成本最低；二是有效管理现金余额；三是提高资本市场效率。实际上，这三大目标之间时常发生矛盾和冲突，国债管理人员必须在这些目标中进行权衡和取舍。本着描述政府既有的债务管理行为，同时便于公众理解政府未来的债务管理行为的原则，美国财政部将债务管理的目标重新进行了表述：财政部的债务管理活动只服从于在长期内以最低的筹资成本满足联邦政府的筹资需求这一根本目标。

（二）债务工具

美国财政部使用的债务工具包括短期债券（Bills）、中期债券（Notes）、长期债券（Bonds）和通胀保值债券（TIPS），其中短期债券的期限有 4 种：28 天、

91 天、182 天和 364 天，中期债券的期限一般为 2 ~ 10 年，长期债券的期限为 10 年以上，通胀保值债券除了拥有一般国债的固定利率之外，其面值还会定期按照居民消费价格指数加以调整，以保证投资者本金和利息的真实购买力。

二、模拟模型介绍

(一) 模型介绍

目前，美国财政部债务管理司使用随机模拟模型来辅助国债发行。该模型主要分为 5 个部分，即经济变量路径、发债方案、方案度量指标、指标计算和最优发债方案选取。

第一部分是经济变量路径。这部分的主要功能是为相关经济变量生成一系列的路径，相关经济变量主要包括利率、居民消费价格指数和融资需求等。主要有两种路径生成方式，分别是确定性路径生成和随机路径生成。确定性路径生成是指人为输入变量的路径，而随机路径生成是应用向量自回归（Vector Autoregressive，VAR）模型去模拟并生成变量路径。

向量自回归模型需要输入国债名义收益率、城镇居民消费价格指数季度调整数据、实际 GDP、通胀保值债券收益率水平等数据。其中，国债名义收益率用尼尔森—西格尔模型中的利率水平、斜率和曲度表示，实际 GDP 用 GDP 月度变化百分比表示，城镇居民消费价格指数季度调整数据用居民消费价格指数季度变化百分比表示，通胀保值债券收益率用平准通货膨胀率（名义减实际）表示。

尼尔森—西格尔模型

尼尔森—西格尔模型是一种描述收益率曲线动态变化的参数模型，由查理斯·尼尔森和安德鲁·西格尔（Charles Nelson & Andren Siegel，1987）提出。用包含参数的函数表示的瞬时远期利率函数为：

$$f_t(\tau) = \beta_{0t} + \beta_{1t}\exp(-\lambda_t\tau) + \beta_{2t}(\lambda_t\tau)\exp(-\lambda_t\tau)$$

这个远期利率曲线可看做一个常数加上一个拉盖尔函数，根据即期利率和远期利率之间的关系可以得到相应的即期收益率曲线：

$$y_t(\tau) = \beta_{0t} + \beta_{1t}\left(\frac{1-e^{-\lambda_t\tau}}{\lambda_t\tau}\right) + \beta_{2t}\left(\frac{1-e^{-\lambda_t\tau}}{\lambda_t\tau} - e^{-\lambda_t\tau}\right)$$

其中，$y_t(\tau)$ 是期限为 τ 年的即期利率，β_{0t}、β_{1t}、β_{2t} 和 λ 是模型的四个参数，前三个参数分别代表收益率曲线的水平、斜率和曲度。

一阶向量自回归模型的具体形式如下：

$$X_{t+1} = AX_t + b + \varepsilon_{t+1} \tag{4-1}$$

式（4-1）中，A 为系数矩阵，b 为约束条件，X 为上述变量组成的向量。依据历史数据，通过向量自回归模型估计出 A 和 b 后，再通过等式（4-2）：

$$(X_{t+1} - Z_{t+1}) = A(X_t - Z_t) + \varepsilon_{t+1} \tag{4-2}$$

即可估计出相关指标的走势，其中 Z_t 为确定性路径生成的变量走势。

第二部分是发债方案。此部分的功能是构建发债方案，具体地说，就是要决定短期债券、中期债券、长期债券和通胀保值债券的发行比例范围。通常，美国财政部会对每种债券都设置一个比例上限和一个比例下限，并在此范围内设置初始发债方案。

第三部分是方案度量指标。本部分的功能是设置债券发行方案的度量指标。美国财政部使用 7 种度量指标，分别是今后 10 年总利息成本、今后 20 年总利息成本、存量债券期限分布、加权平均期限、利息成本波动性、今后 10 年的加权平均期限以及今后 10 年的待偿债务规模。对于每个度量指标都要计算出其均值、标准差和条件风险价值。

第四部分是指标计算。本部分的功能是计算出每种发债方案对应的 21 个（3×7）个指标值。

第五部分是最优发债方案选取。债务管理人通过对每个指标值赋予权重并设置约束条件，从多个发债方案中选择最优的发债方案。

（二）模型的应用情况

美国财政部在制定债务管理战略时会将随机模拟模型的计算结果作为参考。

美国财政部每天预测未来九个月内的日现金流量并且实时更新，以便确定并及时调整未来九个月的预算筹资需要；根据现金流量预测并利用债务组合管理随机模拟模型等计量手段，制定债务品种结构和期限结构，同时召开由债务筹资咨询专家参与的季度筹资会议，针对单次招标额、招标频率、招标日期、具体债券品种和招标规则等债务管理工具的调整，以及未来财政筹资预测和债券市场动态等议题征求意见和建议，妥善安排债券招标节奏，降低筹资成本。

三、目前债务管理战略

美国财政部债务管理战略遵循以下原则：其一，各类政府债券均定期发行，发行额可预见；其二，单次招标额适中，不宜过大或过小；其三，提前公布招标日期；其四，债券筹资安排力求稳定，同时不失灵活性。概言之，债务管理政策不受利率环境影响，但需适应预算筹资需要和投资者需求偏好的变化，并在调整前充分听取市场成员意见，以提高债务管理政策的透明度，最大限度地减少债券市场面临的不确定性。

第二节　日　　本

一、政府债务管理基本概况

（一）债务管理目标

日本政府债务管理的目标可以概括为两点：第一，稳定、顺利地筹资以满足财政管理需求；第二，减少中长期的融资成本，从而降低纳税人的负担。为了达到这两个目标，财政部制定的债务管理战略要以两个方面为基础：有利于市场运行（market-friendly），采用成本与风险模型进行计量分析。

（二）债务工具

日本将其运用的债务工具按期限长度进行了分类。其中，短期债务工具包括6个月、1年的短期贴现国债（Treasury Bill，TB）以及2个月、3个月、6个月的短期票据（Financial Bill，FB）；中期债务工具包括2年和5年的固定利率国债；长期债务工具为10年固定利率国债；超长期债务工具为20年、30年和40年固定利率国债。此外，日本财政部还发行过10年通胀挂钩债券和15年浮动利率债券，不过2008年之后这两种债券均停止发行。2013年，日本财政部又恢复了通胀挂钩债的发行。

二、模拟模型介绍

（一）模型介绍

在制定债务管理战略时，日本财政部采用成本与风险架构来进行计量分析，辅助国债发行。其使用的成本与风险架构如图4-1所示。

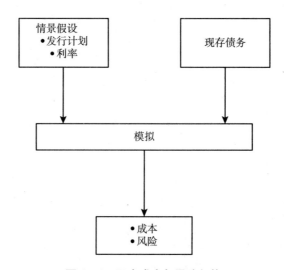

图4-1　日本成本与风险架构

在这个架构中，"情景假设"和"现存债务"是输入模块，"成本和风险"是输出模块。在使用成本与风险模型时，使用者首先用利率模型（随机模拟模型）模拟不同情景下未来一段时间的利率走势，同时构建出不同的发债方案，进而将这二者与现存债务信息共同作为输入变量输入系统中进行模拟。模拟完成后，系统输出每一种发债方案对应的成本和风险度量指标值。日本所采用的成本度量指标是未来付息的期望，风险指标是未来付息的波动。通过将不同发债方案的成本和风险指标绘制在一张图中，债务管理人可以发现成本和风险的变动趋势，再根据自身的风险容忍度在其中进行权衡。

（二）模型的应用情况

日本财政部通过成本与风险架构计算出不同发债方案对应的成本和风险指标

值，并将计量分析结果作为制定发债方案的参考。更为重要的是，日本财政部经常与市场成员沟通，充分了解市场需求和现有市场情况，进而综合这两方面的信息制定合理的发债方案。

三、目前国债管理战略

日本财政部在每个财政年度末会公布下一财政年度的债券发行计划，并且根据期限和频率等进行分类。

以 2014 年日本债务发行计划为例，日本财政部计划在 2014 年发行 181.5 万亿日元国债，是历史上发行规模最大的一年。日本财政部在 2014 年的国债管理战略主要有以下几点。

（1）延长平均期限。2014 年的国债发行将使债务平均期限延长 6.6 个月，达到 8 年 5 个月，这样的债务组合有利于减少再融资风险。日本财政部将发行从短期到超长期的债务组合来达到这一目标。

（2）增强市场流动性。日本财政部每月都将进行比上月多 1000 亿日元的专为增强流动性的招标，从而保持并增强日本国债的二级市场流动性。

（3）鼓励通胀挂钩债市场的发展。为了满足市场机构的需求，日本财政部将在 2014 年继续发行通胀挂钩债，同时根据与市场成员的交流结果，日本财政部可能还会不定期地增发。

第三节　加　拿　大

一、政府债务管理基本概况

（一）债务管理目标

对于加拿大政府来说，其债务管理的核心目标是获得稳定而低成本的资金。基于这一目标，政府作为借款人面临成本与风险间的权衡，即相比于长期债务，短期债务成本较低而面临的风险较大。另外一个相关的目标则是保障国债市场的良好运行，即保持市场的流动性、透明性和规范性，这样才能吸引更多的投资者，同时增加市场对于国债的需求，降低举债成本，进一步为国内资本市场输送新鲜血液。这就要求债务管理战略能够保证加拿大国债市场平稳高效的运行，从而使国债真正成为资本市场定价和风险对冲的重要工具。

（二）债务工具

加拿大政府目前使用的操作工具仍以固定利率债为主，搭配通胀指数债券等其他品种。

二、模拟模型介绍

（一）模型变迁

制定债务管理战略时需要考虑的因素很多，至少包括债务成本、预算风险、债务滚动、市场的流动性等，如何权衡这些某种程度上相互冲突的目标是一个难题。传统的方法包括依靠债务管理人对未来经济走势和利率变化的判断以及过往经验决定未来的发债方案，监测债务结构的风险与成本情况，提高与投资人的交流频率等。

为了降低利率风险，加拿大银行与财政部自 2003 年起开始使用模拟模型进行债务管理战略分析。该模型测算不同利率环境下的发债成本，同时还考虑了债券的平均期限、久期等其他因素。成本与风险分析方法是加拿大政府用来制定债务管理战略所采用的主要方法。通过运用 1991 ~ 2002 年的数据分析发现，从长远角度来看，固定利率债券占比在 60% ~ 67% 之间时，加拿大政府不易受到利率变动的冲击，同时固定利率债券占比 60% 时政府债务成本较低。自此之后，加拿大核心债务管理模型不断发展完善，在模型中增加了通货膨胀率、产出缺口等多个宏观经济变量，并且不断改善预测未来利率的方法。加拿大现在使用的债务战略模型汲取他国经验，经过多次改造，对不同融资方案下政府债务成本和风险进行测量，并且允许债务管理人对这些方案在不同宏观经济环境下的结果进行检验，从而能全面综合地评估不同方案，使得政府以低成本举债的同时仍能保持国债市场有效运转。

（二）模型介绍

加拿大运用随机模拟模型进行模拟：首先用蒙特卡洛模拟算法分析给定融资方案的债券发行成本的分布。这一过程需要三个输入量：现存债务存量、未来的宏观经济和利率以及融资方案。债务存量代表了政府未来一段时间（一年或一个季度）需要还本付息的债务，宏观经济和利率决定了政府的资金需求（赤字或盈余），通过这两者就能计算出政府总的融资需求；融资方案决定了政府如何发债筹集资金，也决定了下一阶段的债务存量，从而就可以根据国债存量和新发债的规模和利率计算下一期的债务成本。对下一个时间段重复上述步骤，就能得到下一时期给定融资方案和宏观经济、利率结果下的债务成本。最后对宏观经济、利率可能出现的不同结果进行重复计算就可以得到给定融资方案的债务成本的分布。

在这个过程中，加拿大采用尼尔森—西格尔模型对利率期限结构进行建模，得到三个利率因子：曲线水平、斜率和曲度，以迪博尔德、鲁迪布什和阿若巴（Diebold，Rudebusch & Aruoba，2004）提出的利率和宏观经济变量的联合模型对利率进行预测。实际的宏观经济环境十分复杂，该模型选取了三个宏观经济变量指标，即产出缺口、隔夜利率和通胀变化率。这三个指标分别对应了实际和潜在经济水平的相对比率、货币政策和物价的变化情况，是描述一个经济状态的最小变量集合。该模型假定这三个宏观经济变量与前述三个利率因子变量组成的联合变量服从二阶向量自回归过程。

（三）模型的应用情况

作为加拿大政府的财政代理人，加拿大银行为政府债务管理出谋划策，同时负责加拿大国债招标等政府债务管理的运营工作。加拿大财政部则负责做出符合国家债务管理战略的最终决策。两者的通力合作保证了最终决策的有效性。

加拿大财政部会依据模型的结果，并结合实际情况确定当年的操作方案。

三、目前国债管理战略

随着经济环境的不断改变，加拿大政府的国债管理战略也在随之改变。过去20年间，加拿大债务管理战略主要经历了六个阶段。

第一阶段是从1991~1994年。由于这一时期市场利率波动较大，政府负债率较高，经常账户赤字，加拿大政府大力提高固定利率债券占比，固定利率债券占比从50%上升至55%。

第二阶段是从1995~2002年。1995年，加拿大政府决定于2004年年底前，将固定利率债券比例提升到65%。制定这一目标的部分原因在于，市场环境日趋复杂，债务管理人需要尽量减少再融资风险。实际上1997年加拿大政府就完成了该目标，远远早于预期。自 1998 年起，加拿大政府每年都会评估债务结构，并公布《债务管理战略报告》。加拿大政府在该报告中描述了下一财年债务管理的目标、计划和战略，希望借这一报告可以让债务管理战略变得更加透明，给投资人以稳定的预期。同时，加拿大政府在报告中提出希望能保持审慎安全的债务结构，在不同利率环境下仍能保持融资成本的稳定。此后数年，固定利率债券占比始终维持在 2/3 左右。

第三阶段开始于 2003 年，这一阶段的主要目标是在 5 年之内将固定利率债券比例下调至 60%，部分原因在于过去 5 年间，加拿大始终保持经常账户盈余，通货膨胀率和利率在低位徘徊，同时随着经济稳步增长，债务率大幅下降。鉴于此，政府希望通过减少固定利率债券的比例降低未来的债务成本。值得注意的是，降低固定利率债券的目标并非出于对利率变化的预期，而是使用随机模拟方法对不同债务结构进行成本和风险分析得到的结果。这一目标在 2006 年年底达到。

第四阶段是从 2008～2011 年，金融危机的发生提醒政府要更加注重债务管理战略的评估和调整。自 2008 年起，为了更加准确地反映出政府利率风险的敞口，加拿大政府改进了固定利率债券计算方法，剔除了无利率风险的部分，固定利率债券占比目标调整为 62%。

第五阶段是 2011 年。2011 年，加拿大政府债务管理战略再度改变，转而以中期债务为主，即倾向于发行中短期限国债，如 2 年期、3 年期和 5 年期国债。这一方案是加拿大政府运用模型进行情景分析后得出的。加拿大政府寄希望于新方案可以平滑现金流并且增加现金储备，从而更好地抵御未来有可能发生的金融危机。

第六阶段是 2012 年。2012 年，加拿大再次对债务管理战略进行调整，计划在未来的 10 年内逐渐增加长期债务所占比例，将 30 年债券比例由 18% 提高至 28%，将 10 年和 10 年以上债券比例由 37% 提高至 45%。

第四节　英　　国

一、政府债务管理基本概况

（一）债务管理目标

英国在政府债务管理方面也走在了世界前列。与加拿大类似，其债务管理的核心目标是：从长期看，在考虑风险并满足政府融资需求的前提下，最小化政府的融资成本。同时，英国政府还要求债务管理战略与货币政策保持一致。达到这一目标，需要债务管理人按照透明性、可预测性的原则做出决策，同时建立完善有效的债券市场。

（二）债务工具

目前，英国政府所用的债务管理工具除了包括固定利率债和浮动利率债，还包括超长期债和永续债等创新品种。国债管理战略则综合了模型预测结果和对现实状况的分析。

二、模拟模型介绍

（一）模型介绍

随着世界各国债务管理理论研究的发展，英国开始吸收他国经验，尤其是在成本分析上，使用的工具越发多样。2006 年，债务管理局首次在《2006～2007年度回顾》（2006~2007 *Annual Review*）中提到用随机模拟方法来量化分析未来不同经济环境下的成本和风险。《2006～2007 年度回顾》中指出，这一方法可以更好地整合不同种类的债券，帮助债务管理人确定合适的债务组合，以达到债务管理目标。在此模型中，债务成本受到多个因素的影响，主要包括债务组合的规模和结构、利率的期限结构、通货膨胀、政府的融资需求和实际经济情况等。该模型主要包括三部分：第一部分是宏观经济模型，该部分主要是利用历史数据，在新凯恩斯模型的基础上，对产出缺口、基本赤字、消费者价格指数、零售价格指数、短期利率这五个指标进行建模；第二部分则是分别计算出不同种类债券名义利率和实际利率的期限结构；第三部分是关于不同债务管理战略下成本和风险的计算。其中成本由债务成本占 GDP 的比重来衡量，风险则主要是指利率风险，由两个指标衡量，一是成本衡量指标的方差，二是成本衡量指标的在险价值。值得注意的是，债务管理局在《2006～2007 年度回顾》中表示该模型处于研发阶段，并未用于实际预测。

2008 年，英国债务管理局开发了另外一款用于债务管理的工具，名为组合模拟工具（Portfolio Simulation Tool，PST）。该工具详细分析了每年发债方案对政府未到期债务组合的影响。相比于之前采用的随机模拟方法，组合模拟工具更加精细和准确。该工具通过加总存量债券的付息兑付资金额与当年政府的基本赤字，得到当年的总融资需求。债务管理局根据需求和英国财政部的安排，确定全年的债券发行时间安排，并利用事先设定的一系列标准确定每次发行的券种。组合模拟工具会生成一系列统计指标数据来说明给定发债方案对存量债务组合的影响，这些统计指标数据包括债务组合总市值、不同券种比重、久期、平均期限、平均利率、凸性等。另外一个重要的成果在于使用组合模拟工具可以得到债券发行和付息兑付产生的现金流。2011 年，组合模拟工具首次被用来测算 5 年时间内债务管理战略对于债务组合成本和风险的影响。组合模拟工具现仍在不断使用改进中。

作为债务管理的工具，组合模拟工具和随机模拟方法有相同点也有不同点。相同点在于两者都是辅助债券发行决策的工具，不同点在于前者是对后者的补充。一方面，组合模拟工具是测算给定的较为具体的发债方案对债务组合的影响，随机模拟方法则是给定较为宽泛的发债方案时对风险和成本的分析。另一方面，组合模拟工具并未对风险进行测量和分析，只注重成本分析。

具体来说，宏观经济模型主要分为产出缺口方程、政府预算融资净需求方程、居民消费价格指数方程、零售价格指数方程、短期利率方程。名义收益率曲线方程则是用尼尔森—西格尔模型将名义收益率曲线分解为三个因子，具体方程为：

$$y_t(\tau) = \beta_{0t} + \beta_{1t}\left(\frac{1 - e^{-\lambda_t \tau}}{\lambda_t \tau}\right) + \beta_{2t}\left(\frac{1 - e^{-\lambda_t \tau}}{\lambda_t \tau} - e^{-\lambda_t \tau}\right) \qquad (4-3)$$

而实际收益率曲线可由名义收益率曲线推出，即：

$$y_t^r(\tau) = y_t(\tau) - rpi^e + \beta_{0t}^r + \beta_{1t}^r\left(\frac{1 - e^{-\lambda_t \tau}}{\lambda_t \tau}\right) + \beta_{2t}^r\left(\frac{1 - e^{-\lambda_t \tau}}{\lambda_t \tau} - e^{-\lambda_t \tau}\right) \qquad (4-4)$$

对于某一时期的融资总需求来说，

融资总需求 = 预算融资净需求 + 利息支付 + 本金偿还

英国组合模拟工具的模拟过程如下：首先输入一个由市场上已有的各种债券组成的"基础债券库"，并标记这个基础债券库中债券的各种要素参数，如债券种类、到期期限、招标限额的上下限等。组合模拟工具在模拟每次招标时使用各种标准，以确定是续发一只市场上已有的债券，还是新发一只债券，并优先从现有的基础债券库中查找是否有适合续发的债券。普通国债的债券利率由远期平价名义收益率曲线确定，通胀指数债券的债券利率由远期平价实际收益率曲线确定。组合模拟工具产生的大量输出结果描述了在给定财政筹资需求的情况下，不同的发行计划带来的债券组合的变化。每个财政年度结束时，模型自动算出每个债券类型在组合中的市值，以及到期收益率、久期、凸性等指标。组合模拟工具另一个重要的输出是现金流表，提供了一个直到最长期限的国债到期时，现金流入和流出的完整记录。现金流出包括组合中每只债券的票息和本金支付，而现金流入来自招标中筹集的现金。

（二）模型的应用情况

英国国债现在主要由债务管理局（Debt Managemeut Office，DMO）负责。该部门成立于1998年。从组织结构看，债务管理局隶属于英国财政部，从作用来看，债务管理局是一个执行部门，然而其所起的作用远不止执行。每年，英国财政部负责制定债务融资方案和操作框架，内容包括次年发行的债券品种、总规模、期限等。债务管理局根据这一框架进行独立操作，确定每次债券发行的规模、期限、品种。债务管理局每年都会公布《年度业务计划》，内容包括债务管理局下一财年的具体目标和战略，并且根据市场状况，随时上报英国财政部，对债务管理战略进行调整。在该财年结束后，债务管理局会发布年度报告，具体说明债务管理战略的执行情况，并提供政策咨询、建议。对于债务管理局来说，制定债务管理战略需要考虑的因素主要包括：政府对于风险的容忍度，名义和实际收益率曲线，投资者对于债券的需求等。自成立以来，债务管理局职能越发多样，除了债务管理职能，还增加了现金管理的职能。

由于任何模型均有局限性，债务管理局并不单纯依靠模型来决定债务管理战略，而是综合市场环境、投资人、政府需求等多方面因素进行决策。例如2012年在决定是否推出永续债或超长期债等创新券种时就征询了大量市场机构、投资人的意见之后，才公布了发行计划。

第五节　瑞　　典

一、政府债务管理基本概况

（一）债务管理目标

瑞典国家债务局（Swedish National Debt Office，SNDO）是瑞典政府债务管理机构，其致力于确保纳税人的资金得到最有效的使用并保障金融市场平稳运行。

瑞典的债务管理目标是在考虑风险及货币政策约束的同时降低政府长期融资成本。

（二）债务工具

瑞典政府的债务工具包括本币固定利率债和通胀挂钩债，以及外币债券。其中，本币固定利率债为政府融资最主要的方式，通胀挂钩债是自 1994 年起开始发行的。为了降低成本，瑞典国家债务局有时会选择发行本币债券之后利用货币掉期操作将本币债券转换为外币债券，这种战略经常被证明比直接发行外币债券成本低。

二、模拟模型介绍

（一）模型变迁

瑞典国家债务局最初所要建立的模型只涉及名义本币债券，因此，模型中没有对汇率或通货膨胀进行建模。该模型的目的并不是试图解决债务的组合问题，而是为名义本币债券期限选择提供分析参考。随后瑞典国家债务局增加了需要考虑的变量因素，并于 2000 年建立了第一版模型，后又于 2001 年扩展为第二版模型。在第二版模型中最重要的调整是引入了通胀挂钩债券，这使模型中导出利率的随机过程产生了重大变化。与第一版模型类似，第二版模型仍由两部分组成：一是宏观经济模型，用于模拟 GDP、通胀、利率等一系列重要的宏观经济和金融变量的变化；二是方案模拟模型，用于在一个给定的方案中，管理政府如何满足其融资和再融资需求，并在给定的模拟经济过程中，评估不同方案所包含的成本和风险。

（二）模型介绍

1999 年，瑞典国家债务局开始采用随机模拟模型来评估不同的政府债务融资方案对成本及风险的影响，此模型为每年的政府债务管理建议提供了量化分析基础。瑞典国家债务局在瑞典财政部的协助下分析了在债务管理中成本和风险的可容忍范围，这个分析是随机模拟模型对不同发债方案进行量化分析的基础。经过分析，瑞典国家债务局认为债务管理的目标与政府债务的绝对成本相关，可以用债务量加权平均到期收益率来衡量，该指标被称为动态到期收益率（Running

Yield to Maturity)。以动态到期收益率作为长期成本的计量指标，风险的衡量指标则是动态到期收益率的长期波动性，可被称为动态风险收益（Running – Yield-at – Risk）。

瑞典国家债务局在 1999 年发表《中央政府债务管理建议》中，采用了两种模型对名义本币债券的期限选择进行分析，一是外部模型①，由摩根士丹利添惠公司提供，另一个是瑞典国家债务局建立的模型。外部模型根据大量国家的各自特点对利率和汇率进行建模。与用作预测的模型不同，其目的是在经济周期中，金融变量发生变化的基础上，模拟利息变量的合理统计分布，然后将这些分布用于对预期成本及其波动性进行量化分析。结果表明，外部模型不能很好地反映不同融资方式对成本和风险的影响。瑞典国家债务局的内部模型则能够提供更加清晰的结果，结果显示通过缩短债务期限的方式有可能在不显著影响风险水平的同时降低成本。但是瑞典国家债务局的内部模型在当时还是个尚未开发完全的局部模型。

瑞典国家债务局内部建立的随机模型，其框架是蒙特卡洛模拟模型，由两部分组成，一是随机模拟模型，可以计算得出利率、汇率和融资需求等因素，二是基于模拟的风险因子和假定的融资方案来模拟债务组合变化及不同的风险战略模拟模型。在随机模拟模型中，对瑞典、欧盟和美国三个国家分别建立模型，在每个国家中均对以下五个随机变量建模：通胀、实际 GDP、短期利率、长期利率和汇率，此外瑞典的模型还要对中央政府融资需求这个变量建模。对这些变量所建的模型为一阶自回归模型，公式如下：

$$y_t = \alpha + \rho y_{t-1} + \varepsilon_t, \ \varepsilon_t \sim i.i.d.\ N\ (0,\ \sigma_\varepsilon^2) \tag{4-5}$$

战略模拟模型则可被视为一个连续再平衡的过程。每个阶段到期债券所产生的再融资需求与通过第一个模型计算出的基本赤字加总，即得到每一阶段需要的筹资总额，该筹资总额通过第二个模型中模拟的债务组合来实现，随后模型会记录这个债务组合全部的现金流并评估其风险。

瑞典模型的分析目标是粗略地计算不同组合方案的成本和风险。最初的模拟共针对 9 种不同的发债方案展开。与现实中的组合类似，发债方案中的外债由 70% 的欧元债券和 30% 的美元债券组成。国债的久期目标为 2 年至 4 年，而外债和通胀挂钩债券的久期目标分别为 2 年和 10 年。每次模拟运行时，债务组合以季度为单位向前滚动 30 年。

---

① 由于商业秘密保护原因，外部模型的具体形式没有公开。

（三）模型的应用情况

在实际应用中，瑞典国家债务局使用宏观模型模拟未来 30 年 1000 个不同的经济路径，这些路径随后被输入进战略模拟模型中，形成具有不同目标久期的多种组合方案，然后运用随机模拟模型决定名义本币债券、外币债券和通胀挂钩债券各自的发行量以及到期期限分布，并计算每个方案的成本和风险。

根据规定，瑞典国家债务局应在每年 10 月 1 日之前将下一年《中央政府债务管理指引》的建议提交给政府。瑞典中央银行对瑞典国家债务局的建议进行评价。政府在每年 11 月 15 日之前审议瑞典国家债务局提交的建议。随后，瑞典国家债务局对政府最终采纳的《中央政府债务管理指引》制定实施原则。对于中央政府债务管理的评估，瑞典国家债务局需在每年 2 月 22 日之前将上一年中央政府债务管理的相关信息提交给政府。随后，由政府进行再次评估，并应于 4 月 25 日之前将此评估提交给议会。

瑞典国家债务局在 1999 年的《中央政府债务管理建议》报告中指出，瑞典国家债务局开发的模型应是一个为决策提供信息的模型，而不是一个自动生成最佳的政府债务组合并转换成具体指导方针的工具。在给定诸如利率、汇率、通胀等经济指标之间关系的假设基础上，能够导出债务组合的模型是具有一定前提假设的。模型是否能够很好地反映实际情况中的成本是不确定的，这种不确定性决定了模型不应该被自动应用。因此，对国债管理战略的决策必须基于一个定性的评估，模拟模型的定量结果只能作为决策参考信息的一部分。

三、目前国债管理战略

根据瑞典财政部 2013 年 11 月 14 日发布的《2014 年中央政府债务管理指引》，2014 年瑞典国债管理战略如下：

（1）外币债券在债务总量中占比为 15%（可上下浮动 2%），通胀挂钩本币债券占比为 25%，其余 60% 为名义本币债券。

（2）外币债券的久期应为 0.125 年，而通胀挂钩本币债券久期在 7~10 年之间。对于期限在 12 年之内的名义本币债券，其久期为 2.7~3.2 年，对于期限超过 12 年的名义本币债券，其总额保持在约 700 亿瑞典克朗。

第六节　丹　　麦

一、政府债务管理基本概况

（一）债务管理目标

丹麦政府债务管理机构是丹麦中央银行政府债务管理司，它在金融市场上代表财政部发行债券来满足中央政府融资需求。

丹麦政府债务政策的总体目标是在考虑风险的同时，用尽可能低的长期借贷成本满足中央政府融资需求。此外，保证中央政府能够在长期内便利地进入金融市场融资以及支持国内金融市场良好运作也是其目标之一。欧洲主权债务危机强调了政府能够进入资本市场的重要性。在危机时期，即便是信誉良好的政府也很难在市场中融到足够的资金。鉴于此，丹麦央行债务管理司注重通过提前满足融资需求、确保足够的政府债券投资者基础以及持有大量流动性资金等方式，将再融资风险维持在较低水平。

（二）债务工具

丹麦政府债务工具主要包括固定利率债、通胀挂钩债以及利率掉期操作。其中利率掉期操作主要基于两个原因，一是在某些时候中央政府可以获得预期的成本节约；二是通过使资产与负债的利率敞口更加匹配，可以减少利息成本的短期变化。

二、模拟模型介绍

（一）模型变迁

自 2000 年以来，丹麦央行债务管理司不断完善和修正成本与风险模型，考虑包含更多种类的债券并不断改进利率模型，分析比较各种模型的特点，以优化模型选择，修正成本与风险结果。根据 2000 年以来丹麦中央银行每年发布的

《丹麦政府借贷和债务报告》，2000 年丹麦采用单因素科克斯—英格索尔—罗斯（CIR）模型预测利率期限结构，2002 年对线性双因素模型和远期利率模型进行了探讨，2005 年将单因素科克斯—英格索尔—罗斯模型扩展为双因素科克斯—英格索尔—罗斯模型，包含了确定期限结构的水平和斜率两个独立因素。2010 年对双因素科克斯—英格索尔—罗斯模型，与既描述利率期限结构水平和范围也描述曲率的三因素尼尔森—西格尔模型进行了比较，通过分析表明两个模型的结果之间没有显著差异，但在少数情况下三因素尼尔森—西格尔模型的置信区间过窄，所以仍采用双因素科克斯—英格索尔—罗斯模型作为主要的利率模型，而将三因素尼尔森—西格尔模型作为补充。

科克斯—英格索尔—罗斯模型

科克斯—英格索尔—罗斯模型由科克斯，英格索尔和罗斯（Cox, Lngersou & Ross, 1985）提出，在该模型中，利率有均值回归特征，且利率非负，这些条件与实际相符；且在该模型下，债券的价格、债券期货、债券远期和债券期权都有解析解，便于操作。因此科克斯—英格索尔—罗斯模型具有很强的理论和实践价值。

1. 单因子科克斯—英格索尔—罗斯模型。在单因子情形下，只有一个状态变量，并且一般都是短期利率本身。单因子科克斯—英格索尔—罗斯模型假定短期利率的运动过程为平方根过程，即为 $dr_t = \kappa(\theta - r_t)dt + \sigma\sqrt{r_t}dz_t$，其中，$\kappa$、$\theta$ 和 σ 均为常数，r_t 为短期利率，z_t 表示现实概率测度下的布朗运动。

2. 多因子科克斯—英格索尔—罗斯模型。对于 n 因子的科克斯—英格索尔—罗斯模型，他们假定短期利率是 n 个状态变量 $x_i(i=1, 2, \cdots, n)$ 之和，即 $r = \sum_{t=1}^{n} x_i$，并且假定这 n 个状态变量的运动过程是平方根过程，也就是

$$dx_{it} = \kappa_i(\theta_i - x_{it})dt + \sigma_i\sqrt{x_{it}}dz_{it}, \ i=1, 2, \cdots, n$$

其中 κ_i、θ_i、σ_i 都为常数，z_{it} 为现实概率测度下的布朗运动，这些布朗运动之间是相互独立的。

（二）模型介绍

1. 成本与风险模型

丹麦央行债务管理司使用成本与风险模型对中央政府债务组合未来利率变化的风险进行量化评估。成本与风险模型通过计算一定的置信水平下，未来一段时间政府利息支出的最大可能值，来量化评估利率风险。成本与风险模型在分析利率风险时，需要考虑政府现有债务情况、未来财政收支情况、未来发债战略以及利率期限结构预测等因素。

在给定的未来财政状况和发债战略的情境下，成本与风险模型通过模拟未来利率期限结构，确定未来的发债成本，计算不同利率情境的利息支出，得到一定置信水平下利息支出在未来一段时间内的最大值。成本与风险模型适用于2500个利率情境，在每个情境中，中央政府的发行成本通过考虑预期未来融资需求、再贷款、政府基金投资、已定的本外币发债战略、利率掉期交易等来计算。

具体模拟过程包括以下环节。

（1）模拟出2500个未来的情景，并在每个情景下计算出即期收益率曲线；

（2）在计算出每个情景下的利率期限结构之后，可以计算发债的成本。其中，需要现存债务的一些信息，如现有债务在未来各个季度的利息支付和本金偿还。同时还需要未来10年中央政府的预算赤字规模；

（3）丹麦模型假定国债发行的结构是固定的，即2年期、5年期和10年期国债按固定比例发行，这样就可以模拟出在2500个利率情景下，今后10年每年国债的利息成本。在这2500个样本的基础上，可以算出利息成本的平均值和95%的分位点，并由此算出绝对和相对在险成本。

由于成本与风险模型中利率期限结构将决定未来国债的发行成本，从而决定未来的利息支出以及在一定置信区间下的在险成本，所以利率期限结构是成本与风险模型中至关重要的因素。在实践中，成本与风险模型中使用的利率期限结构是由利率模型得出的，因此，成本与风险模型的结果在一定程度上取决于所选择的利率模型。

2. 利率模型

利率模型是动态利率期限结构的数学描述。利率期限结构描述了附息债券到期期限和收益率水平之间的关系。利率模型模拟大量的不同的利率路径，从而得到未来利率的概率分布，这个分布可以用于计算中央政府的未来利息成本的概率分布。一个合适的利率模型应具备如下属性：一是可以准确描述利率期限结构的变动和特点；二是利率期限结构变量存在解析解，能够在合理的时间内得出结果；三是模型参数应易于估计和解释；四是利率期限结构不应存在套利机会，以防止投资者或借款人获得该模型框架内的无风险收益。以科克斯—英格索尔—罗斯模型为代表的仿射模型具有这些良好的特性，由于其允许利率期限结构的灵活建模并容易计算例如零息票利率和风险溢价，所以被广泛使用。

目前丹麦央行债务管理司采用的利率模型为双因素科克斯—英格索尔—罗斯模型。在这个模型下，短期利率与状态变量的关系为：

$$r_t = x_{1t} + x_{2t}, \tag{4-6}$$

式（4-6）中，x_{1t}、x_{2t} 是决定利率取值的相互独立的状态变量。在风险中性下，状态变量的变化服从平方根扩散过程：

$$\begin{pmatrix} dx_{1t} \\ dx_{2t} \end{pmatrix} = \begin{pmatrix} \kappa_1 & 0 \\ 0 & \kappa_2 \end{pmatrix} \left[\begin{pmatrix} \theta_1 \\ \theta_2 \end{pmatrix} - \begin{pmatrix} x_{1t} \\ x_{2t} \end{pmatrix} \right] d_t + \begin{pmatrix} \sigma_1 \sqrt{x_{1t}} & 0 \\ 0 & \sigma_2 \sqrt{x_{2t}} \end{pmatrix} \begin{pmatrix} dz_{1t} \\ dz_{2t} \end{pmatrix} \tag{4-7}$$

式（4-7）中，参数 $\kappa_i (i = 1, 2)$ 反映了状态变量 x_{it} 的均值回复速度，参数 σ_i 与状态变量的开方 $\sqrt{x_{it}}$ 决定了状态变量 x_{it} 在时刻 t 的瞬时波动率，z_{it} 是标准布朗运动。

（三）模型的应用情况

在央行债务管理司编制的战略建议的基础上，中央政府债务管理战略是经财政部和政府央行在季度例行会议上达成一致而确定的。财政部授权央行债务管理司实施已定的战略，包括中央政府发债战略和风险管理。在每年 12 月的季度例会上确定下一年的整体管理战略，而在接下来的三个季度的例会上，央行债务管理司将对战略的实施及调整情况进行汇报。

丹麦央行债务管理司使用成本与风险模型为国家债务管理决策提供基础。比如，《2009 年丹麦政府借贷和债务报告》显示，根据成本与风险模型分析得出利率掉期交易能够降低中央政府利息成本，同时不会带来未来利息成本上升风险。据此，2010 年，丹麦央行债务管理司表示在掉期市场运行良好的基础上，将会继续使用利率掉期操作进行债务风险管理。可以看出，成本与风险模型的分析结果是政府债务管理决策的重要参考。

三、目前国债管理战略

丹麦中央银行于 2013 年 12 月 16 日发布的《2014 年丹麦国债管理战略》中

显示，2014 年，丹麦国债境内发行目标为 750 亿克朗，该年年底国债余额目标为 300 亿克朗。2014 年将保持 2 年、5 年、10 年、30 年期国债发行以及 10 年期通胀挂钩债券的发行，其中主要发行 10 年期债券，以保持利率及再融资风险处在较低水平。2014 年中央政府债务久期应控制在（11.5±1）年的区间内。2014 年外债发债战略为使欧元敞口达到 100 亿克朗，外债发行的币种和时机选择依市场情况而定。

此外，在《2014 年丹麦政府借款和债务报告》中，丹麦央行债务管理司认为在当前的利率环境下，开展新的利率掉期可以带来政府预期利息成本的降低。但使用成本与风险模型量化分析了预期成本与 2014 年掉期操作后长期成本之间的关系，结果显示这样做虽可节省成本，但将会以后期利息成本大幅增加为代价，并指出应注意该模型未包含工具风险，这意味着政府债券收益率的变化或会与相同到期期限的掉期利率相偏离。通过成本与风险模型的分析，考虑到丹麦中央政府债务组合期限自 2008 年以来一直居高不下，且每年再融资量较低，并结合对于当前货币市场利率风险和中央财政支付浮动利率进行掉期操作风险的评估，2014 年丹麦中央政府不会进行利率掉期操作以缩短投资组合期限。

第七节 巴 西

一、政府债务管理基本概况

（一）债务管理目标

巴西的债务管理目标是在充分考虑风险的情况下降低债务成本以及促进本国债券市场发展。

（二）债务工具

目前，巴西的债务组合中通常包含 4 种债务工具：固定利率债、浮动利率债、通胀挂钩债和外币债。具体的，融资过程中所用的工具是 1 年、3 年、5 年、10 年期的固定利率债，5 年期的浮动利率债，10 年、30 年期的通胀挂钩债以及 10 年、30 年期的外币债。

二、模拟模型介绍

(一) 模型介绍

为了达到本国的债务管理目标，巴西财政部近年来开发了自己的国债管理战略计量分析模型，来帮助评估联邦公共债务（Federal Public Debt，FPD）的成本与风险，为债务管理人提供参考。

巴西模型首先对公共债务进行了定义，即公共部门净债务（Net Public Sector Debt），这个概念包含了除去资产后所有公共部门的债务，具有很好的概括性。在这里，公共部门指联邦政府（包括社会保险系统）、中央银行、地方政府和公共部门公司。同时，巴西财政部用公共部门净债务与 GDP 的比值这一指标来衡量政府财政状况的可持续性。

巴西模型有两个前提假设。第一，假设经济已经处于平稳状态，即所有变量都会在长期均衡值的附近变动。第二，假设发债战略在长时期内保持稳定，不会受偶然的经济冲击影响而产生剧烈变动。

巴西模型是通过随机模拟方法，得出债务组合的有效前沿，为债务管理人进行成本和风险的权衡提供参考。一个债务组合在两种情况下被认为是有效的，一是在既定的风险水平下拥有最小的成本；二是在成本既定的情况下风险最小。所有满足这个条件的债务组合构成有效前沿，在有效前沿上，成本的减小是要以风险的增加为代价的，债务管理人的任务就是在有效前沿中选择理想的成本风险组合。

(二) 模型的具体形式、变量

巴西根据以上思想构建了模型的技术框架，该框架包括以下两部分：

首先，模型生成多种随机情景，作为刻画主要宏观经济和金融变量的基础，运用一系列模型模拟并输出利率（包括基础利率、固定利率、浮动利率和外币债利率）、汇率、通货膨胀率和债券价格等轨道，这些变量都是影响债务组合成本和风险的重要因素。巴西财政部采用科克斯 – 英格索尔 – 罗斯模型来刻画利率的走势，采用陈 – 卡罗伊 – 朗斯塔夫 – 桑德斯（Chan，Karolyi，Longstaff and Sanders，CKLS）模型来刻画汇率走势，即：

$$dC_t = \beta(C^* - C_t)\,dt + \sigma_2 C_t^{\gamma}\,dz_t^2 \qquad (4-8)$$

式（4-8）中，C_t 代表 t 时刻的汇率，β 代表均值回归速度，C^* 代表长期平均汇率，σ_2 代表汇率波动率。

随后，构建或选择一系列不同的债务组合，这些债务组合由不同期限、不同种类的债务工具组成。最后，系统计算出每种债务组合对应的成本和风险度量指标，并将这些成本和风险指标绘制在一个坐标系中，坐标轴分别为成本和风险。这样，通过找出所有在一定风险水平下成本最小的点就能得到有效前沿（见图4-2）。

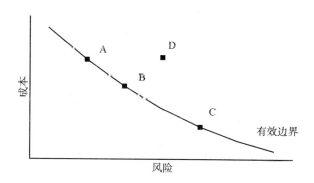

图4-2 巴西成本—风险有效边界

（三）模型的应用情况

得到有效前沿后，债务管理人可以根据自身的风险容忍度来确定符合本国国情的债务组合，在得到公共债务委员会（Public Debt Committee）的批准后将其作为长期的战略基准，这个战略基准是长期内公共债务组合要达到的理想结构，有了长期的战略基准，就可以制定中长期内的债务管理战略，进而制定短期内（每年）的债务发行方案，使债务结构朝着战略基准转变。

需要注意的是，在制定中长期的债务管理战略时，巴西的债务管理人并不完全依赖模型的计算结果，而是将其作为参考，同时还要考虑市场情况、投资者情况以及流动性等因素，从而制定最适合本国国情的债务管理战略。

三、目前国债管理战略

目前，巴西公布了长期最佳债务组成（见表4-1），以求在长期内使债务结构朝这个方向发展。

表 4-1 长期最佳债务组成 单位：%

	下限	上限
固定利率债	40	50
通胀挂钩债	30	35
浮动利率债	10	20
外币债	5	10

在追求这个债务组成的过程中，政府要采用循序渐进的债务管理方式，避免采用较为激烈的方式，因为过激的方式会产生巨大的转换成本。

为了在长期内达到最佳债务组合，巴西制定了一系列的债务管理原则，主要包括增加现存债务的平均久期、平滑待偿期结构（尤其注重短期债务）、逐步降低浮动利率债占比而增加固定利率债和通胀挂钩债的占比、发展国内债务和国外债务的收益率曲线、提高二级市场流动性、拓宽投资者结构等。

第八节 土 耳 其

一、政府债务管理基本概况

（一）债务管理目标

土耳其的政府债务管理目标是在充分考虑风险的情况下追求债务成本最小化。

（二）债务工具

土耳其所用的债务工具较为多样。国内债务中，占比在前几位的债务类型分别是固定利率债、居民消费价格指数挂钩债、零息债及浮动利率债等。在国际债务中，主要债务品种是美元债券、欧元债券及日元债券。

二、模拟模型介绍

（一）模型介绍

自 2003 年开始，土耳其财政部就开始使用债务管理战略模拟模型来辅助决策者制定债券发行战略。土耳其构建其战略模型的基本原理是评估公共债务对市场变化的敏感性，同时量化不同融资方案所对应的成本和风险，从而为制定债务管理战略提供帮助。土耳其目前正在使用的模型是一个较为完善的框架，能够有力地支持多种发债方案的分析。土耳其所应用的模拟模型为土耳其债务模拟模型（Turkish Debt Simulation Model，TDSM）。土耳其模型的框架可以分为两部分：概念框架和技术框架。

土耳其模型的概念框架包含以下几个部分：

第一，明确定义成本和风险及其度量标准。明确成本和风险的度量标准是一个动态的、不断完善的过程。

就成本度量标准来说，2007年之前土耳其以利息成本作为风险度量标准，后来，为了更好地适应本国债券市场的实际情况并满足债务管理人的需要，土耳其在2007年和2010年各加入了一个新的成本度量标准，分别是以本币计量的债务水平以及通胀调整后的债务水平。

就风险度量标准来说，2007年之前，土耳其采用成本分布中的95%分位数（在险成本）作为风险度量标准，但是实际情况超过所选置信度时，这个指标便不能提供其他关于风险的信息。因此2007年土耳其转而采用条件在险成本作为风险的度量标准。条件在险成本是在特定置信条件下，成本概率分布中尾部成本的期望（Expectation）（见图4-3）。

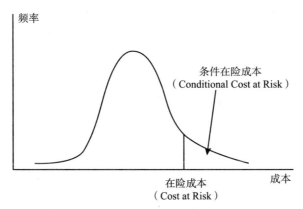

图4-3　土耳其条件在险成本

第二，战略长度和精细度。战略长度和精细度也不是一成不变的，需要根据本国的实际情况调整。2007年之前，土耳其战略模型的模拟长度为3年并采用月度数据进行计算。但是随着债券市场的发展，土耳其债务平均久期不断增大，而且零息债券逐渐被固定利率债、居民消费价格指数挂钩债和浮动利率债所取代，因此在 2007 年前后土耳其将债务战略模型的模拟时间长度由 3 年调整至 5 年。而且由于条件所限，土耳其债务管理人认为对 5 年以上的期限进行模拟有较大困难，没有采用更长的模拟长度。与此同时，土耳其将其模型的数据精细度由月度数据调整为季度数据以简化模型计算，因为土耳其债务管理战略是基于长期视角的年度发债战略，过于精细的数据反而会使模型运算变得非常复杂和不便。

第三，明确债务结构的度量指标，这里主要指能够反映债务结构特性的几种主要风险的度量指标，土耳其将这些指标作为战略基准。这些度量指标同样处于不断地变化之中。

（1）再融资风险。2007 年之前，土耳其采用平均待偿期以及流动性缓冲水平来衡量再融资风险，但是这种方法没有考虑赎回条款的影响，因此土耳其后来采用了 1 年以内待偿期的债务占比和流动性缓冲水平来衡量再融资风险。

（2）利率风险。土耳其对于衡量利率风险的指标做了多次调整，2007 年之前，其选用的指标是固定—浮动债比例和利率平均重置时间，2008 ~ 2010 年所用指标是利率重置时间在 12 个月以内的债务占比，2011 年之后所用指标是本币债中居民消费价格指数债券的占比以及利率重置时间在 12 个月以内的债务占比等。

（3）汇率风险。2007 年之前，衡量汇率风险的指标是外币债务的再融资比例等，2007 年之后，所采用的指标是债务的货币组成（本国对比外国）等。

（二）模型的具体形式与变量

土耳其财政部以土耳其债务模拟模型的概念框架为基础，又构建了该模型的技术框架。土耳其债务模拟模型的运行主要依靠三个模块。

第一个模块是"债务数据库"。该模块中包含现有债券的详细数据。

第二个模块是"情景发生器"模块。该模块负责在 Matlab 环境中构建包含相关金融变量的不同情景并生成相关金融变量的未来路径。在本模块中，需要预测的变量包括利率期限结构（里拉收益率曲线、美元收益率曲线、欧元收益率曲线）、汇率（里拉兑美元、里拉兑欧元）和通货膨胀率。土耳其采用科克斯—英格索尔—罗斯模型和陈—卡罗伊—朗斯塔夫—桑德斯模型来预测短期利率和汇率，采用改进的尼尔森—西格尔模型来预测长期利率。"情景发生器"模块可以根据模型预测出相关变量的未来路径。

第三个模块是"现金流引擎"。该模块能够根据债券资料和使用者输入的发债战略计算融资需求以及其他现金流。该模块还能计算出所有发债战略对应的成本和风险指标，供决策者参考。

（三）模型的应用情况

在运用系统进行模拟计算并得到相关计算结果后，专门的分析人员会对计算结果进行分析。债务管理人会以计算结果和分析结果为依据，同时综合考虑宏观经济环境、市场情况、债务管理目标等一系列因素，制定合适的债务管理战略。

三、目前国债管理战略

土耳其会权衡成本与风险，并立足于中长期制定债务管理战略。

在制定债务管理战略时，土耳其首先会充分考虑风险。第一，土耳其会保留充足的现金储备、平滑赎回结构并增长债务久期以应对流动性风险；第二，土耳其大量发行固定利率债务以应对利率风险并降低债务组合对利率的敏感性；第三，土耳其主要发行本币债务从而尽量降低汇率风险。

同时，土耳其也采取了一系列措施以保证国债管理的可预见性和透明度，通过充分与市场参与者进行交流以提高债券市场的效率。

第九节　国际经验的总结

加拿大、瑞典、丹麦、日本、英国和美国等高收入经济体在长期的实践中已经积累了较为成熟的国债管理战略计量分析经验，巴西和土耳其等中低收入经济体也在近些年的实践中逐步探索符合本国国情的国债管理战略计量分析方法。这些国家的实践经验有很多相同点，但在某些方面也存在不同（见表4-2）。

表4-2　　　　　主要国家国债管理战略计量分析经验总结

相同点	国债管理目标	各国最主要的国债管理目标是长期内，在考虑风险的情况下取得最低的筹资成本，这与世界银行最新发布的《政府债务管理指引》（修订版）中对于国债管理目标的表述一致
	计量模型的基本思想	各国运用的计量模型的基本思想是一致的，即有效地计量成本和风险，使债务管理人能够根据自身的风险容忍度在二者之间进行权衡，从而制定有效的国债管理战略

续表

相同点	计量模型的基本架构	各国的计量模型基本都采用成本与风险计量分析方法架构，即生成经济与金融变量的模拟路径，模拟生成未来的融资需求，定义成本与风险的度量方式，计算不同发债方案对应的成本与风险指标值
	模型的应用程度	目前，各国的模型均不能直接生成最佳国债管理战略，各国都将自己模型的计算结果作为制定国债管理战略的参考，为决策提供信息，债务管理战略的制定还要综合考虑其他因素
不同点	模型的具体形式、变量	各国采用不同的模型和变量来刻画本国的实际情况，比如丹麦、巴西等国用科克斯—英格索尔—罗斯模型来刻画利率走势，加拿大和美国等则采用尼尔森—西格尔模型和向量自回归模型来描绘宏观经济和利率走势，土耳其用科克斯—英格索尔—罗斯和陈—卡罗伊—朗斯塔夫—桑德斯模型预测短期利率、用尼尔森—西格尔模型预测长期利率
	所用的债务工具	各国通过发行不同类型的债务工具来实现各自的债务管理目标，其中，经常被各国使用的债务工具类型包括固定利率债、浮动利率债、通胀挂钩债等，期限一般从几十天到几十年不等。各国财政部通过调整不同债务工具在债务组合中的比例来达到债务管理目标
	目前国债管理战略	各国的实际情况和国债管理目标的偏离程度不同，因此需要制定不同的国债管理战略保证目标的实现

此外，美国、法国和日本等国建立了专门的咨询委员会来辅助本国财政部进行国债管理战略的制定。美国建立了国债专家委员会（Treasury Borrowing Advisory Committee，TBAC），国债专家委员会成员由国债交易较为活跃和投资国债数额较大的公司代表构成，国债专家委员会负责讨论并回答财政部提出的问题或议题，并以正式报告的形式向财政部长报告，该委员会每季度召开一次会议。法国建立了国债战略委员会，该委员会由数位背景不同的专家组成，包括银行业专家、投资者、经济学家和学者等。该委员会负责在债务和现金管理等方面向法国财政部提供建议，包括对现行国债发行政策进行评估并为国债发行政策的制定和修改提供建议，从而帮助法国财政部制定出最有效的国债发行战略并根据实际情况高效地执行该战略。日本财政部建立了政府债务管理专家委员会（Advisory Council on Government Debt Management），该委员会由市场机构专家和学者组成，是日本财政部与市场成员交流机制的一部分，该委员会能够从中长期的角度为政府债务管理政策的制定提供建议。

第五章 中国国债管理战略融资需求模型与利率模型

第一节 模型概述及其应用前提

一、国际经验参考

通过对采用成本与风险计量分析方法的多个国家进行分析发现，由于各国的实际情况与中国有所不同，这些国家的模型不适合直接用做中国的国债管理战略计量分析工具。第一，英国、瑞典等国的模型以长期均衡为前提，不适合中国经济高速发展的实际情况。第二，丹麦等国的利率模型过于简单，没有考虑宏观经济对利率的影响，难以精确预测国债发行的品种结构。第三，由于各个国家实际采用的债务管理工具不同，其他国家的模型也不能直接用于中国的国债管理，例如，由于我国现阶段外币国债存量较少，且没有发行过通货膨胀挂钩国债，因此我国国债管理战略模型不需像其他国家考虑汇率因素和通货膨胀债券。第四，部分国家直接假定未来的融资需求是外部输入项，没有构建融资需求模型。瑞典等国构建了融资需求模型，但是这些国家的经济发展比较平稳，不同于中国经济高速发展的实际情况，采用中国数据对这些模型进行实证检验后发现，这些国家的融资需求模型也不适用于中国实际。

在研究其他国家国债管理战略计量分析模型基础上，本课题采用成本与风险计量分析框架，从中国的实际情况出发，提出了中国国债管理战略的随机模拟方法。在研究过程中发现，加拿大的利率预测方法考虑了宏观经济与利率的相互影响以及宏观经济对财政收支的影响，在理论上更为严谨，可以作为中国模型中利率预测的主要参考方法。

　　目前，国际上大多数国债管理计量分析模型均采用年度数据。然而模型模拟计算的精细度并非一成不变，也需要根据本国实际情况进行调整。在满足债务管理需要的前提下，土耳其在 2007 年将模型的数据精细度由月度数据调整为季度数据以简化模型计算。我国的国民经济和金融市场发展迅速，相应的统计数据一直处于不断完善的过程中，自 2002 年起才开始有社会融资规模、新增人民币贷款和比较完整的国债收益率曲线等数据，至今仅 13 年时间，以年度为单位建立模型数据偏少。同时，考虑到目前单个季度内发行的国债期限种类覆盖相对比较全面，而单个月份的国债发行难以实现期限种类的全面覆盖，因此，在本模型中以季度为单位进行建模。

二、中国国债管理战略模型概述

　　本课题构建的中国国债管理战略计量分析模型包含以下四个模块：一是各成本与风险指标以及相关的统计量；二是融资需求模型，探讨如何预测未来每年的融资需求，以及季度融资额的分配方法；三是利率模型及其参数的估计方法，据此可以估计未来的利率期限结构，从而确定未来新发的各期限国债的付息额度；四是组合模拟的过程，对于确定的发债方案，给出具体的随机模拟过程以及模拟过程需要的相关变量。

　　本模型的各个模块都可以进行独立的拓展和改进。具体而言，随着模型应用程度的不断加深，模型使用的成本与风险指标都可以继续扩展和变更，利率模型以及融资需求模型都可以单独进行改进，这些改进不会影响模型的整体架构。图 5 - 1 较为清晰地给出了各个模块之间的相互关系。

　　从理论角度出发，债务规模、利率、国债管理战略及其之间的交互作用决定了国债发行的成本和风险。同时，这些因素还会受到包括经济发展水平、通货膨胀水平、财政政策和货币政策等因素的影响。因此，对这些因素以及它们之间的交互作用进行建模，是模型的核心和难点所在。

　　模型构建的另一个难点在于国债管理是一个动态的管理过程。存量债券逐步到期的同时，又需要根据国家的财政赤字水平、国债的还本额度和付息额度来确定新发债券额度。这些变量同时会受到一些经济因素的共同影响，从而使得各变量之间的关联性更为复杂。

　　与国外的模型相比，本课题构建的中国国债管理战略计量分析模型提出了融资需求的预测方法，为国债管理未来融资需求的确定提供了参考；根据目前的国

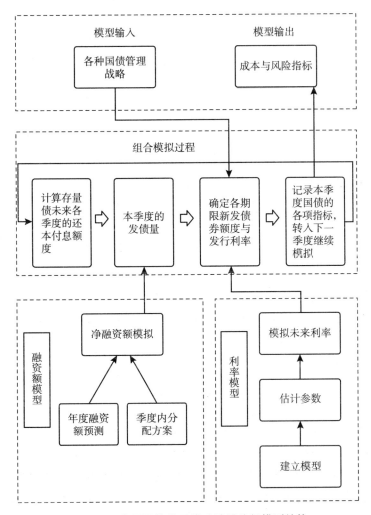

图 5 - 1 中国国债管理战略计量分析模型结构

债管理工具，构建了适应中国实际情况的利率与宏观经济预测模型，以此预测未来的利率走势。综合来说，该方法适合中国的宏观经济和国债管理的实际情况，并且对利率走势、宏观经济和融资需求进行了比较全面的考虑。

三、模型的应用前提

由于客观条件及数据所限，中国国债管理战略计量分析模型在实际应用中应注意一些前提假设。

（一）没有考虑外币国债问题

本模型没有考虑外币国债，主要是因为以下两个因素：一是外币国债余额在我国国债余额中的占比不到1%，与本币国债相比历史发行额也非常小，考虑与否对结论的影响不大；二是外币国债目前已经不再发行，无足够的数据支持模型。随着人民币国际化的推进，一旦外币国债成为我国国债发行的主要方式之一，将在模型中增加考虑外币国债因素，相应地，需对海外市场的利率轨道进行预测，同时将汇率风险考虑在内。

（二）没有考虑政策性金融债和地方政府债务与国债的互补作用

根据我国的实际情况，政策性银行承担着配合政府经济政策和意图而进行经济活动的责任，因此，政策性银行债近似于准政府债券，与国债有一定的互补作用。由于，我国财政管理体制是中央与地方统一预算，因此地方政府债务也与国债存在互补关系。但地方政府债务除包括公开发行的地方政府债以外，还包括地方融资平台债务和贷款等，受制于数据不可得，中国国债管理战略计量分析模型仅考虑中央政府发行的国债。

（三）没有考虑国债负担率过高的影响

国债管理战略计量分析模型侧重于分析国债管理过程中面临的成本和风险，此过程中未考虑国债负担率等表征国债规模的指标。而国债发行规模和余额一旦逼近或超过负担率警戒线时，必然会带来融资成本和再融资风险的明显上升，使得本模型的利率轨道发生变化，从而导致本模型失效。这是本模型的局限之处。

（四）没有考虑国债的单期发行规模对发行成本的影响

发行规模对发行成本的影响，涉及对市场需求的预测，属于难度更大的动态预测问题，国外文献中均没有考虑该因素。从提高预测能力的角度出发，未来也需要在这方面进行深入的研究。

（五）没有考虑需定性分析的问题

成本和风险计量分析架构本身是一个定量分析工具，依赖的主要是历史数据和模型，未将国债管理中需定性考虑的问题纳入。因此，如何更有效地配合未来的国债发行工作，还需要将模型的量化结果与未来的货币政策、财政政策等定性分析结果相结合。

从目前所了解的国外实践经验和现阶段的认识来看，中国国债管理战略计量分析将是一个长期不断优化的过程，特别是模型中涉及的利率和宏观经济模型以及融资需求模型，需要在实践中不断地根据经济发展的特征及国债管理战略的变化进行优化改造。

四、模型方法论的扩展性

由于国债管理战略计量分析模型具备很强的扩展性，其中所包含的模型和参数均可根据实际情况进行优化或者调整，因此国债管理战略计量分析模型不仅仅可应用于国债，在地方政府债、政策性金融债和企业类债券的发行管理中均适用。例如，在应用于地方政府债管理战略时，可依据地方财政收支情况建立地方政府融资需求模型，依据地方政府债券利率决定因素建立利率模型，并对地方政府债的成本风险指标进行模拟测算，从而对地方政府债的发行管理提供优化建议和有力支持。

第二节　融资需求模型

一般来说，中央政府发生融资行为主要是为弥补中央政府财政赤字、偿还到期的债务本金和支付利息。中央政府财政赤字包含基本赤字和债务本息支付。因此，政府的年度融资额由三部分组成：年度基本赤字、年度国债付息额度和年度国债还本额度。其中，年度国债还本额度和年度付息额度在确定发债方案后可由模型模拟得到，因此融资需求模型的重点在于预测年度基本赤字。

本课题假定年度基本赤字为随机游动，以此来预测未来年度基本赤字。同时，由于本课题建立的随机模拟模型是以季度为单位进行模拟，因此，需要进一步将年度的融资需求额度在各季度间进行合理分配。为使各个季度的融资额保持相对均衡，本课题采用季度相对均衡法进行年度融资额的分配。

此外，我们对中国融资需求的估计设立了第二种方案，即将年度基本赤字设定为外在输入变量。这样处理主要基于以下几方面的考虑：一是未来的融资需求可以按照国家的相关政策进行有目的的调整；二是可以利用模型来检测不同基本赤字额度对未来现金流的影响，进而确定合适的发债规模。

一、对年度基本赤字的建模

从目前所掌握的资料看，对基本赤字的估计有两种方法：

第一种方法是依赖统计方法来进行估计，这种方法是结合统计数据以及一些经济假设来进行。如瑞典将基本赤字视为宏观经济变量——名义 GDP 的随机函数。第二种方法是分析政府财政收支的详细组成，从宏观经济和人口结构等方面对每个组成部分进行预测，最终汇总得到未来的年度基本赤字。

虽然第二种方法可以将国家的经济政策、人口结构以及统计数据结合起来进行预测，能够更准确地揭示未来的年度基本赤字的组成，但短时间内实现的难度比较大，目前也尚未有学者利用此方法来探索预测中国年度基本赤字。未来使用第二种方法来进行融资需求的研究，将是很有意义的尝试，也将成为中国国债管理战略计量分析模型的改进目标。加拿大、英国、瑞典的国债发行随机模拟模型中，都是使用第一种方法来预测未来各个年度的融资额。因此，本模型也主要采用第一种方法，并结合中国经济发展状况、中国财政基本赤字的现状和中国国债的发行特点进行修正。

（一）对瑞典模型的适应性改造

瑞典融资需求模型简洁明了，模型突出了影响基本赤字的最主要因素：名义 GDP。因此，我们从瑞典模型出发，检验其对中国融资需求测算的适应性。通过数据模拟分析发现，瑞典模型拟合结果较差，且模拟得到的未来几年中国基本赤字增长过快，并不符合中国国债发行的特点。同时该模型的缺陷在于对未来各年度的基本赤字的预计结果缺乏检验的标准。因此，我们对瑞典模型进行了两个方向的改造。

李彪、卢志红（2004）通过计量方法对国债发行规模与国内生产总值、中央财政收入、中央财政支出、财政赤字、信贷规模、居民储蓄、国债还本付息、国债累计余额进行相关性分析，得出国债发行规模仅与中央财政支出与国债还本付息有较高的相关性这一结论。朱世武、应惟伟（2000）通过实证研究得出中央财政收支而非 GDP 是影响国债发行规模的主要因素。于是基于这一结论对原瑞典模型进行修正，即假设基本赤字为中央财政支出的随机函数。相比于原模型，该模型所模拟得到的基本赤字的增长率较低，以平均每年约 500 亿元的速度增长，平均增长速率为 8%。但是模拟得到的 2012 年的基本赤字小于 2011 年，模拟结果出现了断层。分析原因可能是国家在 2011 年为拉动内需、刺激经济增长加大了政府购买力度，且拉动经济增长的措施加快了地方的财政支出，这与近 5 年内中央财政支出比例由 0.23 变为 0.15 的事实相符。也就是说，在中国地方债并不发达，主要靠国债融资的背景下，中央财政支出不能完全反映政府购头对于基本赤字带来的影响，因此我们将模型中的中央财政支出替换为全国财政支出。但随机模拟的结果依然不理想，模拟出的未来国债融资额增长速度甚至高于瑞典模型。

（二）构建中国融资需求模型

以上尝试证明瑞典模型并不适用于中国融资需求的测算。因此我们尝试构建新的融资需求模型。在对 2002 ~ 2014 年的国债年度基本赤字的数据观察中，我们发现在去除 2007 年的数据后，数据整体虽存在一定的波动性，但与随机游动比较相像（见图 5 - 2）。本模型建立了如下两种"均衡"模型：第一种模型认为年度基本赤字在不变价格意义下（即"实际"年度基本赤字）为无漂移项的随机游动；另一种模型认为年度基本赤字为带漂移项的随机游动。从随机模拟结果及检验来看，第二种均衡模型效果较好。因此，我们采用第二种均衡模型作为融资需求模型。

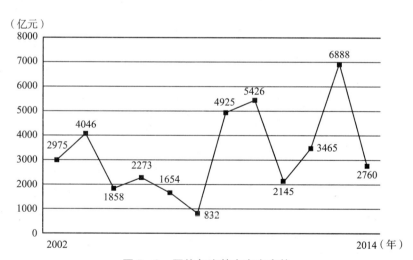

图 5 - 2 国债年度基本赤字走势

假设国债年度基本赤字为带漂移项的随机游动，即：

$$年度基本赤字_t = \alpha + 年度基本赤字_{t-1} + \varepsilon_t^{年度基本赤字}, \quad \varepsilon_t^{年度基本赤字} \sim$$
$$N(0, \sigma_\varepsilon^{年度基本赤字}) \tag{5-1}$$

对式（5-1）参数进行统计估计得到 $\alpha = 77.9$，$\sigma_\varepsilon^{\text{年度基本赤字}} = 2357$。

在预测年度基本赤字的基础上，由式（5-2）计算得到年度融资额：

$$国债发行额_t = 基本赤字_t + 国债还本付息额_t \qquad (5-2)$$

（三）融资需求模型的其他探索

本课题在利用随机游走模型拟合并预测年度基本赤字，再进一步推算年度融资额之外，也进行了一些其他模型的探索。

探索一：对国债发行额的预测

在既有的中国国债发行规模的研究中，基本都是直接对国债发行额进行拟合。魏朗（2004）用多元回归对国债发行规模进行了拟合，自变量包括 GDP、前两年财政支出、当年财政收入、前一年财政收入；杨宝臣（2006）采用误差修正模型对国债发行规模进行了拟合，自变量包括国债发行规模的滞后一期、中央财政支出、GDP、储蓄，模型的拟合效果较好。在上述研究基础上，我们也拟探索更多的国债发行规模的影响因素，采用的自变量包括：贷款或社会融资总量、GDP、中央财政收入。贷款和社会融资总量数据均来源于中国人民银行，GDP、中央财政收入数据来源于国家统计局，数据区间为 2001～2010 年。我们对自变量和因变量都进行了对数处理，对数处理后，各变量均是一阶平稳的。对国债发行额、GDP、中央财政收入、贷款构建多元回归模型，模型结果如下。

$$国债发行额 = -4.72 + 1.78 \times GDP - 1.65 \times 中央财政收入 + 0.79$$
$$\times 新增人民币贷款 + \varepsilon \qquad (5-3)$$

模型的拟合优度（调整 R^2）达到92%，模型拟合效果较好。

从模型结果看，国债发行额与 GDP、中央财政收入、贷款都存在显著的相关关系。国债发行额与 GDP 成正比，一国国债规模明显地由该国的经济发展水平所决定。一般来说，经济规模越大、发展水平越高，则国债规模及其潜力就越大。国债发行额与中央财政收入成反比，中央财政收入越高，需要发行国债来弥补赤字的数量越小。国债发行额与贷款成正比，这主要是因为国家的财政政策与货币政策一般都是同时逆周期变动，即经济下滑时，可能同时采取宽松的货币政策以及宽松的财政政策，因此，国债发行额与贷款额呈现正比关系。

利用多元回归模型对 2011～2013 年的数据进行预测，预测效果较好，3 年预测误差分别为 6.3%、5.5%、2.1%。

但是，用国债发行额作因变量进行预测在理论上的合理性较差。国债发行额并不是一个经济指标，受到经济、政治等多方面的影响，受主观因素的影响也较大。因此，虽然国债发行额与 GDP、中央财政收入、贷款的相关关系得到了数据的支撑，预测效果也较好，但是因为其在理论上缺乏合理性，因此不采用。

探索二：对中央政府财政赤字的预测

$$中央政府财政赤字 = 中央财政收入 - 中央本级财政支出 - 中央对地方转移支付$$
$$(5-4)$$

但中央对地方的转移支付数据从 2005 年起才在财政部网站公布，因此，中央政府财政赤字这一指标无法获得足够长的历史数据来进行建模。从数据关系来看，国债发行与国债还本的差额与中央财政赤字的值差异很小。因此，本部分用国债净发行额（国债发行与国债还本的差额）来替代中央政府财政赤字数据进行分析。模型自变量为 GDP、贷款、国债净发行额。

模型结果如下：

$$国债净发行额 = 20091.16 + 7773.37 \times 新增人民币贷款 - 8143.97 \times GDP + 0.65$$
$$\times 国债发行额 - 国债本金偿付金额 \qquad (5-5)$$

式（5-5）中，国债净发行额 = 国债发行 - 国债还本。

模型的拟合优度（调整 R^2）达到 88%，拟合效果较好。但使用 2011~2013 年的数据对中央政府财政赤字进行预测，预测误差为 36%、-20%、59%，预测效果较差。

总结模型探索的结果，直接对国债发行额进行预测，模型的预测效果较好，但是缺乏理论上的合理性，而不论是对基本赤字还是对中央政府财政赤字进行预测，预测效果都比较差。

从政府部门来说，预测赤字规模比预测国债发行额更直观，也更具有可操控性。用模型预测赤字规模时，政府部门可以通过对赤字的经验判断对模型结果进行交叉验证，或者可以根据实际情况直接外生赤字规模。因此，目前的模型采用直接预测基本赤字的方法。

二、融资额的季度间分配方法

通过融资需求模型，可以得到年度的融资额，本课题采用季度相对均衡法进一步将年度融资额在季度间进行分配。

本课题所构建的季度相对均衡法能够使季度间的发债规模保持相对均衡，此结论可通过数学方法进行理论证明。模型具体如下：

a. 第 i 年度出现赤字时，即 $Bd_i > 0$ 时，

若 $Bd_{i,1} \geqslant \frac{1}{4}I_i$，则 $I_{i,1}=Bd_{i,1}$，以满足第一季度的还本付息要求，剩余的融资额再由相同的方法在剩下三个季度中分配；

若 $Bd_{i,1} < \frac{1}{4}I_i$，则 $I_{i,1}=\frac{1}{4}I_i$。

上述处理可以使分配到各个季度的融资额达到相对均衡，同时各季度的基本赤字均不为负值。

b. 第 i 年度出现盈余时，即 $Bd_i < 0$ 时，

若 $Bd_{i,1} \leqslant \frac{1}{4}I_i$，则 $I_{i,1}=Bd_{i,1}$；

若 $Bd_{i,1} > \frac{1}{4}I_i$，则 $I_{i,1}=\frac{1}{4}I_i$，由此确定出第一季度的融资额，剩余的融资额再由相同的方法在剩下三个季度中分配。通过上述处理可以使分配到各个季度的融资额达到相对均衡，同时各季度的基本赤字均不为正值。

第三节 利 率 模 型

本课题采用尼尔森—西格尔模型与宏观经济变量建立联合模型。通过选取对利率有显著预测能力的宏观经济变量，估算宏观经济各变量和利率联合模型中的参数，以此估计未来的利率期限结构，从而确定未来新发的各期限国债的利息支出额度。

一、模型的选取依据

我们选用尼尔森—西格尔利率曲线模型来保证整个动态建模中利率曲线的合理性。选择该模型有三方面的原因：第一，加拿大、英国等国家已有的债券发行随机模拟模型中均采用了尼尔森—西格尔模型，模型的实用性以及国际认可度较高，对于将来我国国债市场的国际化，吸引更多的国际投资者具有一定的意义；第二，从实施便利的角度考虑，采用尼尔森—西格尔模型可以将利率曲线的建模问题转换为对模型的三个因子——利率水平、斜率和曲度三因子的建模问题，从而可以结合宏观经济因素，采用向量自回归模型对于利率和宏观经济进行联合建模；第三，从模型估计的角度说，相比样条函数模型，尼尔森—西格尔模型需要估计的参数相对较少，适用于本课题数据区间较短的实际情况。

二、宏观经济变量选取依据

1. 宏观经济变量初步筛选

经济学理论表明，一些宏观经济变量会对利率期限结构产生显著的影响。宏观经济变量一般分为实际经济行为、货币政策行为以及商品价格行为三类，因此，用于模型的宏观经济变量需要覆盖到这三类。在研究中经常使用的实体经济行为变量主要包括 GDP、产出缺口、工业增加值、固定资产投资增速、采购经理指数（PMI）等；货币政策行为主要包括 M1、M2、存贷款利率、短期利率、银行贷款等；商品价格行为主要包括居民消费价格指数、工业生产者出厂价格指数（PPI）、企业商品价格指数（CGPI）等。而随着经济的发展，也出现了一些其他能表征宏观经济走势的变量：克强指数及其分项（工业耗电量、铁路运输量和贷款发放量）以及社会融资规模。文献研究表明这些变量对利率具有较好的解释能力。因此，本课题把克强指数及其分项和社会融资规模也加入指标待选范围。同时，随着我国经济结构的逐步转型，服务业对我国经济增长的贡献也越发重要，因此，本课题也试图将表征服务业的指标纳入模型范围。国债收益率曲线除了会受到宏观经济指标的影响之外，也可能会受到股票市场影响。大量文献研究表明股票市场与债券市场之间呈现相关关系。因此，本课题将表征股票市场的指标，包括上证 A 股指数、沪深 300 指数以及 A 股募集资金总额纳入指标考虑范围。

表 5 - 1 列出了模型考虑的所有宏观经济指标。其中对于数据类别为当月值或当日值的数据，将其平均为季度值后再进一步计算季度同比，对于数据类别为当月同比的数据，平均计算得到其季度同比。

表 5 - 1 课题考虑的指标列表

	数据名称	数据开始时间（年/月/日）	数据频率	数据来源
价格水平指标	居民消费价格指数	1990/1/1	月度	国家统计局
实体经济指标	GDP：当季同比	1952/12	季度	国家统计局
	GDP：第三产业累计同比	1992/10/1	季度	国家统计局
	工业增加值	1990/1/1	月度	国家统计局
	服务业营业收入	2006/1/1	年度	国家统计局
	工业耗电量	2007/3/1	月度	发改委
	铁路运输量	1999/1/1	月度	国家统计局
	非制造业采购经理指数：服务业	2012/2/1	月度	国家统计局
	产出缺口			自行计算

续表

	数据名称	数据开始时间 （年/月/日）	数据频率	数据来源
货币政策指标	新增人民币贷款	2001/1/1	月度	中国人民银行
	社会融资规模	2002/1/1	月度	中国人民银行
	M2	1986/12/1	月度	中国人民银行
	7天回购利率	2000/1/4	日度	中国货币网
综合性指标	克强指数	2009/7/1	月度	Wind 资讯
股票市场	沪深300	2002/1/4	日度	上海证券交易所
	上证A股指数	1990/12/19	日度	上海证券交易所
	A股筹资金额	2002/1/1	月度	中国证监会

（1）通货膨胀。

我国衡量通货膨胀的指标主要有居民消费价格指数、工业生产者出厂价格指数和企业商品价格指数，三者均能从不同的角度反映我国通货膨胀的状况。但考虑到居民消费价格指数可以直接反映价格变动对居民的影响，因此居民消费价格指数是财政政策和货币政策的重要目标，社会各方也以此作为判断经济走势的重要指标。在这些机制下，居民消费价格指数具有更强的利率预测作用。

同时，相关研究发现，三者从实证看存在长期稳定的均衡关系，工业生产者出厂价格指数和企业商品价格指数对居民消费价格指数具有一定的传导性，如李朝鲜、邓洁（2012）采用1999~2012年的居民消费价格指数、工业生产者出厂价格指数和企业商品价格指数数据进行检验发现，工业生产者出厂价格指数和企业商品价格指数对居民消费价格指数存在着长期影响，工业生产者出厂价格指数和企业商品价格指数冲击对居民消费价格指数的变动影响程度较大。在相关学者的研究中，也发现居民消费价格指数对利率具有较强的预测能力，如陈哲（2008）的研究结果表明居民消费价格指数在整个样本期内表现出对债券短期利率和长期利率均有明显的预测能力。因此，选择居民消费价格指数作为本模型待选的宏观经济变量之一。

（2）短期利率。

从货币政策的影响角度来看，短期利率已经基本取代货币供应量成为西方国家货币政策的中介目标，代表短期利率水平确定机制的泰勒规则已成为将短期利率与宏观经济要素相联系的重要纽带，中央银行通过管理短期利率，并将其传导到影响总需求的更长期限的利率，最终实现货币政策目标。因此，在主要高收入经济体，短期利率对利率期限结构具有显著的预测能力是毋庸置疑的。我国学者的研究表明，虽然我国短期利率并未成为货币政策中介目标，但由于短期利率直接影响国债投资者的资金成本，进而影响国债投资行为，因此，我国短期利率对国债利率期限结构也具有较显著的预测作用。魏雪梅（2013）选取了银行间市场7天回购利率与国债收益率进行实证分析，结果表明中国国债收益率与货币市场利率具有一定的正相关性，并且国债期限越短，相关性越显著。王拓、杨宇俊（2011）采用向量自回归建模方法，通过脉冲响应函数与方差分解技术分析了经济变量对不同期限国债收益率的影响程度，结果表明30天同业拆借利率是影响1~3年期国债收益率波动的主要因素。

我国常见的短期利率包括公开市场操作回购利率、央票发行利率、上海银行间同业拆放利率（SHIBOR）、银行间市场回购利率等。其中央行公开市场操作利率和央票发行利率均带有非市场化的因素，且公开市场操作和央票发行频率并不规则，数据序列难以满足模型要求。上海银行间同业拆放利率由于是不可点击成交的报价利率，在极端市场情况下存在被人为操纵的可能性，因此也不作为本模型的变量选择。而随着中国债券市场的发展，银行间市场回购交易已成为银行间市场的主要交易方式之一，2013年回购交易总量达152.86万亿元，可以作为中国短期利率的重要代表。就具体期限品种来看，我们综合考虑交易活跃度和稳定性，选择7天回购利率作为本模型的变量之一。

（3）克强指数及其分项。

自2010年被《经济学人》杂志用来评估中国GDP情况以来，克强指数被认为比官方公布的GDP数字更能反映中国经济的现实状况，并得到了众多国际机构的认可。

在花旗银行编制的克强指数中，工业用电量占40%，铁路货运量占25%，贷款发放量占35%。工业生产与能源的消耗密切相关，工业用电量能够反映我国工业生产的活跃度以及工厂的开工率；作为我国货运最大的载体，铁路货运量的多少能够反映经济的活跃程度以及经济的运行效率。这两个指标一直被看作宏观经济运行的先行指标，国家信息中心、高盛（中国）的中国宏观经济先行指标体系中均包含了物流指数，而物流指数就是由全社会货运量和沿海港口货物吞吐量两个指标合成。

贷款是我国货币供应量的重要指标，银行贷款是企业获取资金最主要的来源，贷款发放量的多少可以反映金融系统对实体经济的支持，反映企业的融资成本。韩国、欧元区国家、美国国家经济研究局均将货币供给纳入宏观经济走势的先行指标范围；在对中国经济走势先行指标的研究中，国家信息中心、高盛（中国）、统计局均将货币供应量纳入指标体系，晏露荣和吴伟（2005）、何问陶和刘朝阳（2007）的研究也均将货币供应量作为先行指标的重要代表之一。可见，贷款量对宏观经济具有显著的表征作用。

（4）社会融资规模。

克强指数里表征企业资金成本的贷款发放量，主要是指银行贷款这一传统的企业融资来源。但是银行贷款并不是企业唯一的融资渠道，近年来委托贷款、信托贷款、债券融资等成为企业融资越来越重要的渠道。"社会融资规模"除了人民币贷款外，还包括外币贷款、委托贷款、信托贷款、承兑汇票、债券融资、股票融资等，更加全面地反映了实体经济从金融体系获得的资金总额。从数据上看，2002年新增人民币贷款占社会融资总额的91%，而在2013年这一比重只有51%，非银行贷款融资渠道的作用越来越重要。因此，本课题也将社会融资规模纳入指标范围，以更加全面地反映实体经济资金成本。

（5）M2同比增长率。

在我国利率市场化推进的过程中，货币供应量由于承担着货币政策中介目标的职责，将其纳入模型有着非常重要的现实意义。通过该指标可观测央行货币政策的松紧程度，进而直接影响利率水平和宏观经济走势。于鑫（2009）将广义货币供应量M1代表货币政策行为，用脉冲反应和方差分解方法分析了其对三个利率因子的影响，发现宏观经济因素在整体上对利率因子存在着明显的影响力，货币供应量主导着倾斜因素和曲度因素的变化。李磊磊（2009）选取货币供应量（M2）分析其与利率期限结构的关系，结果表明实体经济因素能够影响整个利率期限结构，货币供给因素对短期利率影响较大且随着时间有所衰减，而对长期利率影响较小且随时间变化较小，作用较为稳定。

我们也注意到，近年来有越来越多的研究认为，M2作为中介目标在可测性、可控性以及相关性方面都在下降（中信证券），中介目标应由数量型向价格型转变。中央国债登记结算有限责任公司的研究表明，国债收益率曲线领先M2大约3个月，具有更好的领先性。中国人民银行调查统计司课题组（2013）的研究认为可采用国债收益率曲线作为货币政策的中介目标。鉴于M2与国债收益率曲线的关系在近年来并不明确，课题中对M2与国债收益率曲线的领先滞后关系进行了研究，结果与中央国债登记结算有限责任公司的研究结论一致，国债收益率领先于M2。基于此，我们认为将M2纳入指标范围并不合理。

（6）服务业相关指标。

目前，我国对服务业的界定以及统计体系仍未完善。如果以GDP中的第三产业粗略地代表服务业，可以看到第三产业对 GDP 的贡献从 20 世纪 80 年代的约 30% 上升到了当前的约 50%，足以说明服务业在国民经济中愈发重要的地位。我国正逐渐从以制造业为主的经济体走向制造业服务业齐头并进的经济体。

不论是产出缺口还是铁路货运量，均着重表征实体经济中制造业的运行情况，因此需要进一步考虑服务业的指标。目前能表征服务业运行情况的指标较少，主要有服务业营业收入（来源：国家统计局）、非制造业采购经理人指数（来源：国家统计局）以及第三产业 GDP。但是服务业营业收入以及非制造业采购经理人指数数据分别开始于 2006 年和 2012 年，不符合本课题的数据区间要求，因此，只能用 GDP 第三产业累计同比数据粗略地表征服务业的运行情况。

（7）股票市场相关指标。

股票与债券组合是一种传统的分散化的投资组合方式，股票市场一方面可能成为宏观经济的晴雨表，在宏观经济转好时，股票指数能领先反映宏观经济情况出现上涨，伴随着债券收益率的上涨；另一方面股票市场也是债券市场的替代投资品种，两者体现了不同的投资风险偏好，资金的流向也可能使股债两个市场呈现"跷跷板效应"。已有不少学者研究股票市场和债券市场之间的相关关系。例如，伊尔门内（2003）发现美国股票和债券在 20 世纪大部分时间为正，但在 30 年代早期和 50 年代晚期以及近期为负。曾志坚和江洲（2007）研究发现我国股票市场与债券市场之间存在领先滞后关系，并且这一关系是时变的。袁超等（2008）也得到了相类似的结论，并且研究了相关系数的影响因素。但是在我国，首先，股票市场还并未能起到宏观经济晴雨表的作用，大量研究表明我国股票市场与宏观经济的相关关系还较弱（赵振全和张宇，2008），因此，可能对债券市场的预测作用较弱；其次，债券市场与股票市场的投资者流动程度较低，即存在市场分割的情况，因此，两个市场对资金的竞争情况可能较弱。以上因素都可能导致我国股票市场指标对债券市场收益率的预测作用较弱。

2. 通过模型预测效果进行筛选

本课题采用的指标选取方法包括二个层面，首先，根据文献研究经验以及数据可得性进行初步筛选，其次，建立向量自回归模型，并进行方差分解，选取对利率三因子影响较显著的指标，最后，用待选指标建立向量自回归模型并进行预测，通过预测误差对指标进行筛选。

在既有文献研究中，普遍认为产出或产出缺口和短期利率是较为重要的变量，所以本课题将 GDP 或 GDP（第三产业）、产出缺口、铁路运输量，以及 7 天回购利率列入考虑范围，加上表示货币政策的变量，包括 M2 同比增长、社会融资规模、新增人民币贷款，以及居民消费价格指数同比增长率、股票市场指标共九个宏观经济变量。

此外，对居民消费价格指数、产出缺口、铁路运输量、GDP 或 GDP（第三产业）、M2、7 天回购利率、贷款、其他融资渠道规模、股票市场指标与收益率曲线的水平和斜率因子建立向量自回归模型，进行方差分解，筛选对收益率曲线的三个因子影响较为显著的指标。

方差分解的结果发现，居民消费价格指数对水平因子的解释力度较小，但对斜率因子的影响较大，稳定在约 16%，因此，将居民消费价格指数纳入指标考虑范围。在表示实体经济的指标中，GDP 当季同比对水平因子影响大约为 7%，对斜率因子的影响大约为 13%；产出缺口对水平因子的影响大约为 6%，对斜率因子的影响大约为 3%；铁路货运量对水平因子的解释力度稳定在 8% 左右，对斜率因子的解释力度在约 10%，因此，考虑选择 GDP 当季同比、铁路货运量作为实体经济的代表纳入指标考虑范围。在表征货币政策的 4 个指标中，7 天回购利率对水平因子和斜率因子的解释力度都很强，并且与其他几个货币政策指标呈负相关关系；社会融资规模、新增人民币贷款对水平和斜率因子的解释力度均好于 M2。因此，考虑将 7 天回购利率、社会融资规模、新增人民币贷款三个指标纳入指标范围。在股票市场的三个指标中，上证 A 股指数对斜率因子的解释力度略强，其他指标对利率三因子的解释力度均较小，因此，考虑将上证 A 股指数纳入模型指标。

最终，将居民消费价格指数、GDP 当季同比、铁路货运量、7 天回购利率、社会融资规模、新增人民币贷款、M2、上证 A 股指数都纳入向量自回归模型中，通过模型预测效果进行模型筛选。

以 2002 年第一季度到 2013 年第四季度数据建立向量自回归模型，进行样本外预测，预测区间为 2014 年第一季度到 2014 年第四季度，并计算均方误差（MSE），均方误差越小，模型效果越好。

均方误差的计算方法为：

$$均方误差 = \frac{1}{n} \sum_{i=1}^{n} (预测值_i - 实际值_i)^2 \qquad (5-6)$$

综合预测结果显示，包含居民消费价格指数、GDP 当季同比、7 天回购利率、社会融资规模的向量自回归模型在预测中好于其他模型。因此，本课题最终选择居民消费价格指数、GDP 当季同比、7 天回购利率、社会融资规模四个指标，与收益率曲线的三个因子一起，建立七元向量自回归模型，对今后几年的国债收益率曲线进行预测。

三、模型估计结果

（一）数据预处理

本模型所用到的国债收益率曲线数据为从 2002 年 1 月开始的国债即期收益率曲线日数据，包含 1 天、2 个月、3 个月、6 个月、9 个月、1 年、2 年、3 年、4 年、5 年、6 年、7 年、8 年、10 年、15 年、20 年和 30 年，共 17 种期限的即期利率。国债收益率曲线历史数据均来自于中央国债登记结算有限责任公司编制的银行间固定利率国债收益率曲线。

将国债收益率曲线数据、GDP 当季同比、社会融资规模、七天回购利率和居民消费价格指数同比增长率等宏观经济数据采用算术平均的方法转化成季度数据，数据区间为 2002 年第一季度到 2014 年第四季度。

（二）尼尔森—西格尔利率因子估计

本课题采用尼尔森—西格尔利率模型将国债收益率曲线的信息转化为水平因子、斜率因子和曲率因子，以此作为后文一阶向量自回归建模的基础。

对每个季度的国债收益率曲线数据分别进行转化，就可以得到尼尔森—西格尔模型三因子在各季度的估计值。2002 年第一季度到 2014 年第四季度的结果如图 5 - 3 所示。

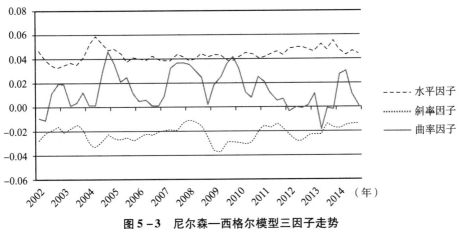

图 5 - 3 尼尔森—西格尔模型三因子走势

（三）利率与宏观经济模型联合估计

根据宏观经济变量的选取结果，可以得到七元向量。

$$X_t = (消费价格指数_t，GDP_t，7 天回购利率_t，社会融资规模_t，$$
$$水平因子_t，斜率因子_t，曲率因子_t)'$$ (5 - 7)

以此为样本建立七元一阶向量自回归模型。

$$X_t = \mu + AX_{t-1} + \varepsilon_t$$ (5 - 8)

采用最小二乘法估计上述模型，得到 A 为

$$
\begin{pmatrix}
0.6525 & -17.6788 & 0.0056 & 0.1496 & 0.0157 & -0.0182 & 0.0266 \\
0.0043 & 0.8627 & 0.0003 & -0.0261 & -0.0002 & 0.0009 & 0.0012 \\
0.8633 & -41.9232 & 1.0172 & -2.6325 & 0.1124 & 0.1501 & -0.2764 \\
0.0021 & 0.1586 & -0.0004 & 0.1937 & -0.0012 & 0.0036 & 0.0038 \\
-0.0523 & 20.6364 & -0.2966 & -22.4893 & 0.4075 & 0.3280 & 1.1719 \\
-0.5370 & 23.8485 & -0.1526 & -17.8696 & -0.1227 & 0.7631 & 0.0784 \\
0.1048 & -3.0401 & -0.0140 & -2.8285 & -0.0100 & 0.0099 & 0.6238
\end{pmatrix}
$$

μ 为

$$(-0.0680 \quad 2.5580 \quad 0.0062 \quad 1.1473 \quad 0.0228 \quad -0.0326 \quad -0.0509)'$$

第六章　中国国债管理战略的模拟

本章介绍对于给定的多种国债发债方案，采用随机模拟方法得到未来国债还本付息现金流，进而计算和比较每种发债方案的各项成本风险指标并对各方案进行排序，得到一个最优的发债方案。主要模拟过程是：利用输入的发债方案、现存债务存量的现金流、融资模型和利率模型的信息，以季度为单位，滚动地模拟每一季度的债券付息量、还本量、发行量和债务存量，直至滚动到预设的年限，从而产生一条债券发行的轨道；多次重复上述模拟过程得到多条债券发行轨道，最后根据这些轨道的信息，计算各项成本与风险指标供决策参考。

第一节　融资需求模型及利率模型的预测结果

一、年度基本赤字的预测结果

今后 10 年（2015～2024 年）的年度基本赤字，可以使用第五章介绍的融资需求模型进行估计，也可以作为外在的输入变量直接确定。在本课题中，采用第五章介绍的融资需求模型对年度基本赤字进行预测，在此基础上，根据季度分配方案将年度基本赤字分配到各个季度。

在考虑年度基本赤字时需要注意两点：一是模拟过程中需要将年度基本赤字分配到该年度的各个季度；二是基本赤字与赤字不同，赤字包含国债的利息成本，发债战略的改变会导致赤字发生变化，基本赤字则是赤字预算扣除利息支付剩余的部分，基本赤字不包括国债的利息成本，因此和具体的发债方案无关。

根据第五章第二节的估计结果，2015～2024 年的年度基本赤字预测结果见表

6 - 1。从结果看，预测结果与实际情况有一些差异。考虑到基本赤字可由外部直接输入，而且从其他国家的经验来看也未对融资需求进行建模预测，因此目前本课题没有对该模型进行调整。

表 6 - 1				2015 ~ 2024 年年度基本赤字预测结果				单位：亿元	
2015 年	2016 年	2017 年	2018 年	2019 年	2020 年	2021 年	2022 年	2023 年	2024 年
2838	2916	2993	3071	3149	3227	3305	3383	3461	3539

二、利率曲线的预测结果

根据第五章第三节建立的利率宏观联合模型进行模拟，可以得到未来各个季度的利率期限结构的 M 个模拟轨道，由此可确定债券在未来各期的利息成本。在本课题中，模拟次数定为 10000 次，以保证模拟结果的稳定性。

具体的模拟过程分为以下两步。

1. 利用利率宏观模型估计结果模拟今后 10 年尼尔森—西格尔模型三因子，模拟次数为 10000 次。

2. 根据第一步得到的 10000 次模拟结果，得到今后 10 年的各个季度的利率期限结构。

宏观经济指标预测结果

图 6 - 1 展示了从 2015 年一季度开始的居民消费价格指数同比增长率预测情况，其中实线为截至 2014 年四季度的居民消费价格指数同比增长率，虚线为 2015 年一季度起的居民消费价格指数同比增长率的预测均值和 95% 的置信区间。本模型预测 2015 年一季度的居民消费价格指数同比增长率约为 2%，与该季度的实际水平比较接近。长期来看，本模型预测居民消费价格指数同比增长率稳定约在 2.5%。

收益率曲线预测结果

图 6 - 2 展示了从 2015 年一季度开始的模拟的 10000 条到期收益率曲线的均值和 95% 置信区间。从 2015 年一季度的预测来看，1 年期短期利率维持在约 3%，长期利率维持在约 4.2%。图 6 - 2 中的虚线部分为 2015 年一季度到期收益率曲线的散点图，根据模型预测的该季度的到期收益率曲线的置信区间与该季度的实际收益率水平较为吻合。2015 年二季度收益率预测的吻合度与一季度基本一致。

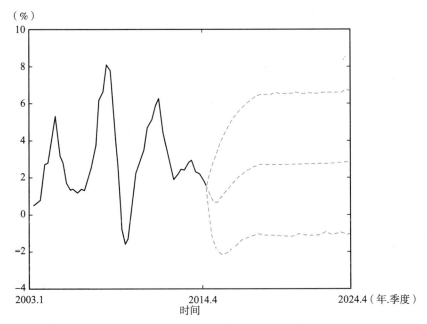

图 6 – 1　2015 ~ 2024 年居民消费价格指数同比增长率预测

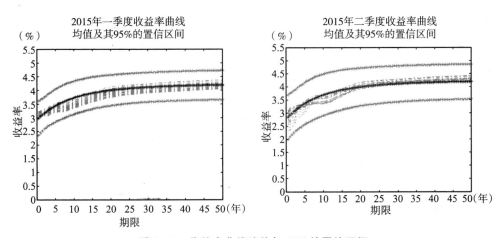

图 6 – 2　收益率曲线均值与 95% 的置信区间

第二节　拟定多种备选发债方案

发债方案，指的是一种保持期限占比恒定的国债发行方法，即在每一次发行过程中，同一种期限债券的发行额占总发行额的比例是一个定值。

　　本课题的发债方案基于如下假设：（1）新发债券的期限均为整数年；（2）债券的发行均在季度中进行；（3）债券组合中不包括浮动利率债券。

　　具体而言，本课题考虑的国债发行期限包括1年期、3年期、5年期、7年期、10年期、30年期和50年期。一个发债方案就是发行的各种期限国债的一个特定组合，换言之即1年、3年、5年、7年、10年、30年和50年期的债券发行量占当期发行总量中的比例，从我国国债发行的实际操作来看，可转换成各期限国债占全年国债发行总量的比例。按照不同的比例分配方式，本研究给出了7种国债发债方案（如表6-2所示）。

表6-2　　　　　　　　　　　　　　**假定的发债方案**

方案	短期		中期		长期		
	1年	3年	5年	7年	10年	30年	50年
2014年方案（%）	22.6	12.4	10.5	22.2	23.2	5.4	3.6
短期债方案（%）	25.0	25.0	12.5	12.5	12.5	10.5	2.0
中期债方案（%）	12.5	12.5	25.0	25.0	12.5	10.5	2.0
长期债方案（%）	12.5	12.5	12.5	12.5	25.0	23.0	2.0
均衡方案（%）	17.0	17.0	17.0	17.0	16.0	14.0	2.0
均衡偏长期债方案（%）	16.5	16.5	12.5	12.5	21.0	19.0	2.0
均衡偏短期债方案（%）	21.0	21.0	12.5	12.5	16.5	14.5	2.0

　　表6-2中"2014年方案"，是2014年实际执行的发债方案，通过计算2014年度所发行的各类期限债券的实际比例得到。需要说明的是，我国现有的国债品种除了发债方案中考虑的7种整数年限的债券外，还包括3个月、6个月、9个月的贴现债券以及20年期债券。为了计算比例，将一年以下债券归入一年期债券中，而将20年期债券平均分配到10年期和30年期债券中。综合来看，2014年方案中1年及1年以下的短期债和7年、10年期的债券发行量较大，其他债券发行量相对较少。

　　表6-2中的均衡方案是指以等比例的方式发行各种期限国债，其他方案是以其中的"均衡方案"为基础进行调整得到的，需要说明的是，考虑到我国实际的发债比例和市场的实际投资需求，50年期限的债券占比很小，因此，考虑30年期和50年期国债加总比例与10年期的比例相同，并假定50年期国债所占比例为2%。下面对各种发债方案的特点进行简单说明。

　　（1）2014年方案：2014年度所发行的各期限债券的实际比例。

　　（2）均衡方案：各个期限的分布比较均衡。

（3）短期债方案：发行短期债居多。在各个期限均衡发债的基础上，下调中期和长期债券比例，上调短期债券发行比例。

（4）中期债方案：发行中期债居多。在各个期限均衡发债的基础上，下调短期和长期债券比例，上调中期债券发行比例。

（5）长期债方案：发行长期债居多。在各个期限均衡发债的基础上，下调短期和中期债券比例，上调长期债券发行比例。

（6）均衡偏短期债方案：发行短期债稍多。在各个期限均衡发债的基础上，下调中期债券比例，上调短期债券发行比例。

（7）均衡偏长期债方案：发行长期债稍多。在各个期限均衡发债的基础上，下调中期债券比例，上调长期债券发行比例。

第三节　模 拟 过 程

一、现存债务存量的未来现金流分析

为了对具体的发债方案进行模拟，首先要对现存债券的未来现金流进行梳理。主要包括如下的几个方面。

（1）现存债务存量：指模拟起始点前，所有已经发行且未到期的债券总量。

（2）现存债务存量在未来各个季度到期本金的额度。

（3）现存债务存量在未来各个季度应付利息的额度。

本课题中现存债务是指截至 2014 年年末，已发且未到期的债券在今后 10 年产生的还本付息现金流。由于篇幅限制，表 6-3 仅列出了部分数据。

表6-3　　　　　现存债务在今后 10 年产生的还本付息现金流　　　单位：亿元

	2015 年第 1 季度	2015 年第 2 季度	2015 年第 3 季度	2015 年第 4 季度	2016 年第 1 季度	2016 年第 2 季度	2016 年第 3 季度	2016 年第 4 季度	2017 年第 1 季度	……	2024 年第 4 季度
还本	2447	3464	2901	1930	1989	2181	2641	1499	2288	……	282
付息	564	665	803	593	527	534	681	529	465	……	199

现存债务不论从总量角度，还是从剩余期限、付息额度和频率的角度来看都是

完全确定的。在未来每个季度，这部分现存债务都有一部分要到期，一部分需要支付利息，而还本付息的现金流则完全取决于现存债务的剩余期限、付息额度和付息频率的结构。因此，现存债务存量的未来现金流由债券发行的历史数据确定。

二、各发债方案模拟过程

假定 2015~2024 年的国债管理战略保持不变的基础上，即 2015 年起 10 年内每季度各期限的国债发行比例保持不变，采用截至 2014 年第四季度的存量国债、宏观经济数据和国债收益率曲线数据，以季度为单位对 2015 年以后 10 年的发债过程进行随机模拟，模拟次数为 10000 次。通过实证模拟结果发现，随着模拟次数的增加，各项风险度量指标趋于稳定。

具体而言，假设正在进行第 m 次模拟，当前时点是第 i 年第 j 季度初，接下来要模拟该季度的国债发行，包括以下步骤。

1. 首先根据输入的第 i 年年度基本赤字预算，计算每季度的基本赤字预算。

2. 计算每一季度的还本额度和付息额度。计算中需要考虑两个部分：一是模拟起始点前的存量债券的到期本金和应付利息，二是模拟起始点后新发行债券的到期本金和应付利息。如果假设新发债券的利息是按年支付的，新发债券中不包括贴现债券的情况，则第一年新发债券产生的还本付息额为零。

3. 确定该季度融资额。融资额包括基本赤字、还本额度和付息额度。

$$季度融资额 = 季度基本赤字 + 季度还本量 + 季度付息量$$

4. 根据输入的发债方案确定新增债券的发行组合。

5. 由模拟的季度利率模型，计算每一季度的即期收益率曲线，再转换为到期收益率曲线，从而确定新增债券组合中各种期限债券的息票，并更新该季度的债务存量。

每个季度的债务存量等于上一季度的债务存量减去该季度内到期的本金总额，再加上该季度的新发债额度。

$$季度债务存量 = 上一季度债务存量 + 季度发行量 - 季度还本量$$

对于下一季度重复前面的模拟过程，这样逐个季度地向前滚动，直至滚到预设的年限，就完成了一次发债过程的模拟。

三、模拟的中间结果

为了清楚地说明未来的模拟轨道，现具体针对"2014 年方案"介绍模拟的输出结果。本部分主要是说明未来的各条轨道的走势，所以我们使用了进行10000次随机模拟后的输出结果来说明。

1. 付息和本金偿付轨道

图6-3展示了10000条付息轨道的均值和95％的置信区间。

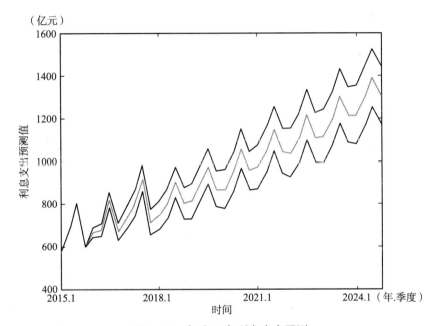

（亿元）

利息支出预测值

时间

图6-3　今后10年利息支出预测

在今后10年内，由于国债发行量不断增大，国债的付息额持续增加，并且每年各季度付息呈现周期性规律，每年第三季度的付息额最大。若对今后10年内的付息成本进行折现，折现率采用中债银行间市场固定利率国债收益率曲线2014年第四季度的季度平均，得到相似的付息轨道图，在此不再赘述。

图6-4展示了10000条本金偿付额度轨道的均值和95％置信区间。

2. 发行量轨道

图6-5展示了10000条发行量轨道的均值和95％置信区间。可以看到，年度债券发行量呈阶梯状上升的态势，这是由于采用了年度内季度融资额的相对均衡造成的。2017年的发行量相对较少，这是由于按照以往的发债方案，2017年需要偿还的本金相对较少，因此财政赤字也相对比较小。

（亿元）

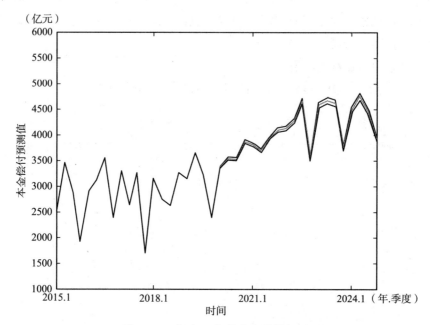

图 6 – 4　今后 10 年的本金偿付预测

（亿元）

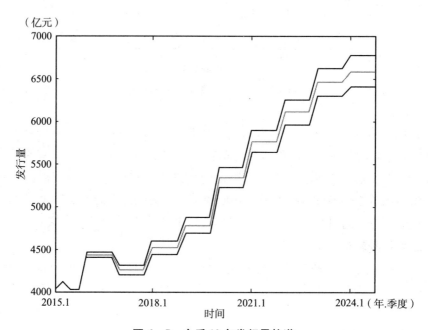

图 6 – 5　今后 10 年发行量轨道

3. 债务存量轨道

图 6 – 6 展示了 10000 条债务存量轨道的均值和 95% 置信区间，不难看出债务存量呈现逐年递增的趋势。

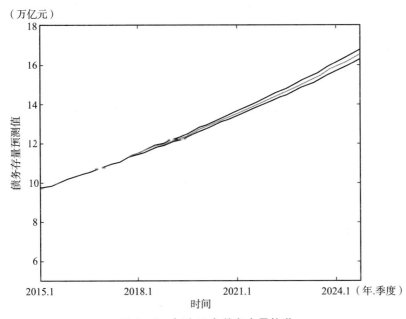

图 6 – 6　今后 10 年债务存量轨道

第四节　各发债方案的成本风险指标及其他指标

一、成本风险指标

得到模拟结果的各轨道之后，则可计算各项成本风险度量指标，最后输出这些指标作为比较不同发债方案的依据。

本课题选取了表 6 – 4 中的指标作为发债方案的成本风险度量指标以及重要的统计指标。

表 6 – 4　　　　　　　　　　　课题采用的成本风险指标

成本指标	平均付息、平均付息的现值
风险指标	付息额度的方差、尾部风险、情景风险、动态风险、时间序列风险

平均付息及其现值以及方差都是时间序列指标，描述了每个季度利息支付的平均水平和波动水平。尾部风险和情景风险旨在衡量付息轨道之间的波动性，时间序列风险和动态风险则衡量了利息支付的平稳性。

由于不同方案的平均付息和方差的绝对差异很小，为了便于对比分析，我们以 2014 年方案作为基准，将其他 6 个方案的各项指标减去 2014 年方案的相应指标，将得到的相对值作为比较对象，分析各方案在成本和风险方面的表现。下面对各项指标进行详细介绍。

1. 成本指标

每个季度的平均付息反映了每个季度的平均发债成本。图 6 – 7 展示了今后 10 年内不同方案相对于 2014 年方案的平均付息的差，其中图 6 – 7 中的零水平线即为 2014 年方案的平均付息。

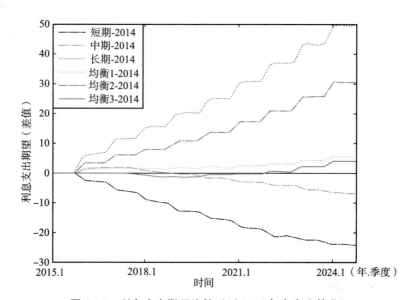

图 6 – 7　利息支出期望比较（以 2014 年方案为基准）

图 6 – 7 中均衡 1、均衡 2 和均衡 3 分别代表均衡方案、均衡偏长期债方案和均衡偏短期债方案（下同）。从图 6 – 7 中可以观察到：在今后 10 年，由于 2014 年方案中发行的 10 年期国债相对较多，2014 年方案的平均付息高于短期债方案和中期债方案，付息成本在各方案中居中。

各方案"平均利息支出的现值"的排名与"平均利息支出"的排名类似，在此不再赘述。

2. 风险指标

（1）付息额度的方差。

本部分采用付息额度的方差来反映每个季度内息票支付的波动性。图 6 - 8 展示了 2015 年起 10 年内不同方案相对于 2014 年方案的付息额度方差的差异。图6 - 8 中的零水平线代表 2014 年方案下付息额度的方差。

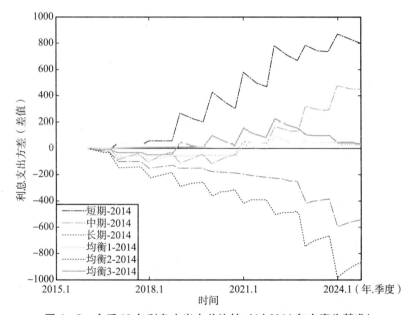

图 6 - 8　今后 10 年利息支出方差比较（以 2014 年方案为基准）

从图 6 - 8 中可以发现，在今后 10 年，2014 年方案的方差在几个方案中处于比较居中的水平，与中期策略和均衡策略的方差水平比较接近。

（2）尾部风险。

由于 CaR 中包含中付息成本，因此单独采用 CaR 衡量尾部风险不够准确，本模型采用（CaR/未来 10 年利息支出的平均值）反应尾部风险。表 6 - 5 展示了各个发债方案在今后 10 年内的尾部风险及其排名情况。课题用在险成本表征尾部风险，并对其进行标准化。

表 6 - 5　　　　　　　　　　各个方案的尾部风险

	尾部风险	
	数值	排序
2014 年方案	42.67786	6
短期债方案	42.69347	7

续表

	尾部风险	
	数值	排序
中期债方案	42.65215	5
长期债方案	42.50221	1
均衡方案	42.60808	3
均衡偏长期债方案	42.55188	2
均衡偏短期债方案	42.61106	4

表6-5中，排序靠前的方案具有较小的尾部风险。2014年方案的尾部风险较大，说明其在极端情况下的成本较其他方案更大。

（3）情景风险。

表6-6展示了各个发债方案在今后10年内的情景风险绝对水平及其排名情况，排序靠前的方案具有较小的情景风险。2014年方案的情景风险也较大，也就是其在不同模拟轨道下的付息金额的波动性会相对比较大。

表6-6　　　　　　　　　各个方案的情景风险

	情景风险	
	数值	排序
2014年方案	0.067045	6
短期债方案	0.067323	7
中期债方案	0.066273	5
长期债方案	0.062651	1
均衡方案	0.065265	3
均衡偏长期债方案	0.064068	2
均衡偏短期债方案	0.065344	4

（4）动态风险和时间序列风险。

动态风险和时间序列风险都是反映利息支付平稳性的指标。短期债方案的动态风险和时间序列风险都较大。2014年方案的动态风险和时间序列风险比较适中（见表6-7）。

表6-7　　　　　　　　　动态风险和时间序列风险

战略	动态风险		时间序列风险	
	数值	排名	数值	排名
2014年方案	9545.837	3	1.551706	4
短期债方案	9563.571	7	1.602096	7
中期债方案	9529.939	1	1.551257	3

续表

战略	动态风险		时间序列风险	
	数值	排名	数值	排名
长期债方案	9550.999	5	1.520660	1
均衡方案	9540.932	2	1.557572	5
均衡偏长期债方案	9549.373	4	1.545070	2
均衡偏短期债方案	9553.710	6	1.574399	6

二、其他统计指标

在成本和风险指标之外，课题还进行了一些其他指标的统计，包括久期、债务存量期望、新发债券与债券存量比例、加权剩余期限。

久期和加权剩余期限分别刻画了平均偿付期限和剩余偿付期限，债务存量期望和新发债券与债券存量比例（下面简称新/存比）能够在一定程度上反映再融资风险。

1. 债务存量的期望

债务存量的期望是指每个季度平均的债务存量，因此，它是一个时间序列型指标。图6-9展示了各个发债方案债务存量的期望值，这里我们计算的结果同样是该方案的结果减去2014年方案相应数值的相对值，因此，图6-9中零水平线代表了2014年方案的债务存量期望。可以发现债务存量期望的走势和息票期望的走势十分相近，而且背后的原因也是类似的。

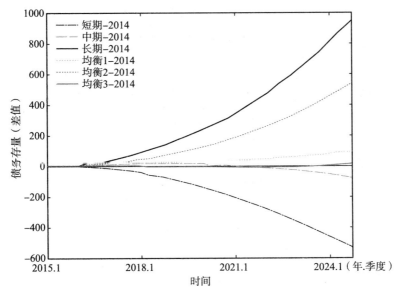

图6-9 今后10年不同方案债务存量比较（以2014年方案为基准）

2. 新发债与债券存量比例

该指标一定程度上反映了债务总量增长的速率，反映了再融资风险，间接影响发债的成本。

总体来看，如图 6 - 10 所示新/存比呈周期性下降趋势。这是因为发行量增长速率比债务存量的增长速率慢。短期债方案的新/存比最大，长期方案的新/存比最小。这是因为，短期债比例越高，新发债券到期的就越多，发新债还旧债的量就越大，从而发行量就越大。均衡方案的新/存比高于长期债方案，低于短期债方案，没有表现出显著的优势和劣势。

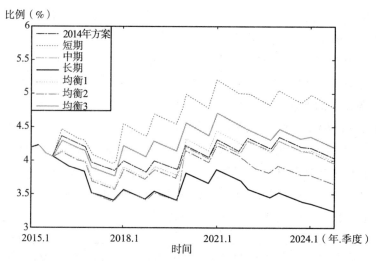

图 6 - 10　今后 10 年新发债与债务存量比例

综合不同方案的表现，可以认为，如果债务管理的目标是减小新/存比，就需要适当增加长期债的发行比例，减少短期债的比例。

3. 久期：息票久期和本金息票久期

表 6 - 8 展示了各个方案的久期，并按久期由小到大分别进行了排序。综合来看，短期债方案本息久期最短，长期债方案本息久期最长。2014 年方案由于发行了较多的 1 年期债，其久期比较短。

表 6 - 8　　　　　　　　　　　各个方案的久期

	数值	排序
2014 年方案	5.410554	2
短期债方案	5.394686	1

续表

	数值	排序
中期债方案	5.403706	3
长期债方案	5.440084	7
均衡方案	5.413036	5
均衡偏长期债方案	5.429072	6
均衡偏短期债方案	5.413058	4

第五节 成本风险指标比较总结及综合评价

这一部分在前述分析的基础上，对于本课题研究的 7 种发债方案进行综合评价，主要对"2014 年方案"，即我国 2014 年实际执行的发债方案进行了分析。进一步地，我们还根据不同的国债管理成本风险偏好提出了一些针对性的建议。

一、成本风险指标比较总结

综合前述十项风险度量和国债统计指标的数据，得到如表 6 - 9、表 6 - 10 所示的排名表格。

表 6 - 9 不同方案成本和风险度量排名

战略	平均利息支出	利息支出方差	尾部风险	情景风险	动态风险
2014 年方案	3	4	6	6	3
短期债方案	1	7	7	7	7
中期债方案	2	6	5	5	1
长期债方案	7	1	1	1	5
均衡方案	5	3	3	3	2
均衡偏长期债方案	6	2	2	2	4
均衡偏短期债方案	4	5	4	4	6

表 6 – 10		不同方案统计指标排名		
战略	久期	平均债务存量	新/存比	加权剩余期限
2014 年方案	2	3	5	1
短期债方案	1	1	7	3
中期债方案	3	2	3	2
长期债方案	7	7	1	7
均衡方案	5	5	4	4
均衡偏长期债方案	6	6	2	6
均衡偏短期债方案	4	4	6	5

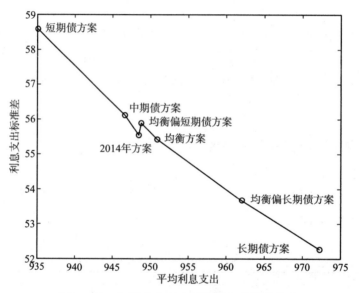

图 6 – 11　今后 10 年的息票期望和息票标准差

　　图 6 – 11 以今后 10 年的息票期望和息票方差为例，说明国债管理战略的成本和风险基本呈现出此消彼长的形态。

　　分析 2014 年方案的各项指标排名可以看出：首先，2014 年方案的成本水平在各方案中比较居中，利息支出方差、动态风险在各方案中居中，但尾部风险、情景风险较大。其他的统计指标显示，2014 年方案的久期和加权剩余期限都比较短。

二、发债方案的综合评价方法

1. 均衡性量化指标

从国外经验可以看到，很多国家的债务管理目标均包括培育本国债券市场。考虑到国债的金融功能，为推动国债市场长期发展、完善国债收益率曲线，我们认为现阶段，各期限的国债发行需要相对比较均衡。因此，在对各发债方案进行综合评价之前，先给出战略均衡性的量化指标。在实际操作过程中，理论上进入模拟过程进行计算的国债管理战略可以有无数种，但通过此量化指标，先将不符合均衡性的管理战略去除，再将剩余的战略纳入模拟过程进行计算，得出各成本风险指标，进行最后的综合评价。

如表 6 – 11 所示，均衡性量化指标如下：1 年、3 年、5 年、7 年、10 年国债发行量分别不少于年度总发行量的 10%，不超过年度总发行量的 25%，30 年和 50 年期由于需求较小，发行量分别不少于年度发行量的 5% 和 2%。短期、中期国债发行量分别不少于年度总发行量的 25%，不超过年度总发行量的 50%，长期国债发行量不少于年度总发行量的 20%，不超过年度总发行量的 50%。

表 6 – 11　　　　　　　　　　国债管理战略均衡性指标

短期		中期		长期		
1	3	5	7	10	30	50
[10%，25%]	[10%，25%]	[10%，25%]	[10%，25%]	[10%，25%]	[5%，25%]	[2%，25%]
[25%，50%]		[25%，50%]		[20%，50%]		

2. 成本风险指标的综合评价

由于国债管理战略的成本与风险可以从多个角度来衡量，并且不同的国债管理战略的成本和风险此消彼长，无法同时达到最优。因此需要综合考虑成本和不同种类的风险，找到综合表现比较好的国债管理战略。

首先，本模型采用层次分析法确定各成本和风险指标的权重。

本模型将采用层次分析法，结合专家意见，对各成本和风险指标进行加权。

层次分析法（Analytic Hierarchy Process，AHP）是对一些较为复杂、较为模糊的问题作出决策的简易方法，它特别适用于那些难以完全定量分析的问题。它是美国运筹学家托马斯·萨蒂（Thomas Saaty）于 20 世纪 70 年代初期提出的一种简便、灵活而又实用的多准则决策方法。

根据层次分析法的建模思路，构建层次结构模型。

目标层：最优国债管理战略
准则层：

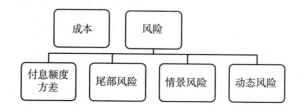

方案层：

图 6 – 12　层次分析法示意

如图 6 – 12 所示，在评价体系中，同时考虑成本和风险指标。在风险指标中，付息额度方差、尾部风险、情景风险、动态风险等 4 个指标可以从付息成本绝对波动性、付息成本的极端值、不同季度的付息成本之间的关联性和付息成本的平稳性等四个方面衡量不同国债管理战略的风险，在此基础上构建各层次的对比矩阵并进行层次单排序和一致性检验①。

构建各层次的对比矩阵是通过对指标进行两两比较得到。设现在要比较 n 个因子 $X = \{x_1, \cdots, x_n\}$ 对某因素 Z 的影响大小，即每次取两个因子 x_i 和 x_j，以 a_{ij} 表示 x_i 和 x_j 对 Z 的影响大小之比，全部比较结果用矩阵 $A = (a_{ij})_{n \times n}$ 表示，称 A 为 $Z \sim X$ 之间的成对比较判断矩阵（简称判断矩阵）。容易看出，若 x_i 与 x_j 对 Z 的影响之比为 a_{ij}，则 x_j 与 x_i 对 Z 的影响之比应为 $a_{ji} = \dfrac{1}{a_{ij}}$。对于矩阵 A 的赋值，一般采用数字 1 ~ 9 及其倒数作为标识。表 6 – 12 列出了 1 ~ 9 标识的含义。

---

① 一致性检验：在涉及指标较多时，综合全部比较结果难免包含一定程度的非一致性。如果对比矩阵满足 $a_{ij}a_{jk} = a_{ik}$，则说明比较结果是前后完全一致的，通过一致性检验。

表 6－12　　　　　　　　　　　　　　标识含义

标识	含义
1	表示两个因素相比，具有相同重要性
3	表示两个因素相比，前者比后者稍重要
5	表示两个因素相比，前者比后者明显重要
7	表示两个因素相比，前者比后者强烈重要
9	表示两个因素相比，前者比后者极端重要
2，4，6，8	表示上述相邻判断的中间值
倒数	若因素 i 与因素 j 的重要性之比为 a_{ij}，那么因素 j 与因素 i 重要性之比为 $a_{ji}=\dfrac{1}{a_{ij}}$。

据此，本课题构建对比矩阵如下。

一级对比矩阵：

	成本	风险
成本	1	1
风险	1	1

即本课题认为，相对于目标，成本与风险具有相同的重要性。

二级对比矩阵：

	付息额度方差	尾部风险	情景风险	动态风险
付息额度方差	1	2	4	4
尾部风险	1/2	1	2	2
情景风险	1/4	1/2	1	1
动态风险	1/4	1/2	1	1

以二级对比矩阵第一行第二列为例，该数字表示相对于目标，付息额度方差相对于尾部风险的重要性，该赋值为 2 则表明，相对于目标，付息额度方差比尾部风险略微重要；同理，二级对比矩阵中第一行第三列表示相对于目标，付息额度方差相对于情景风险比较重要。

构建对比矩阵后，本课题采用 Expert Choice 软件进行权重的计算，并进行一致性检验。模型结果如下：成本和风险各占 50%；在风险指标内，付息额度方差为 25%，尾部风险为 12.5%，情景风险为 6.25%，动态风险为 6.25%；并且通过一致性检验。

其次，考虑到指标的绝对大小和分散程度不同，本课题对各指标进行标准化。具体方法为：以各个指标的中位数数值作为标准进行打分，即将数值为中位数的方案在该指标上的得分设为 50 分；指标值大于中位数的方案，按照该指标距离中位数的大小，将得分设定为 50 ~ 100 分；指标值小于中位数的方案，按照该指标距离中位数的大小，将得分设定为 0 ~ 50 分，具体的评价公式如下：

若 $X_i^k > \underset{k}{median}(X_i)$ 则

$$score^k = \sum_{i=1}^{5} w_i \cdot \frac{X_i^k - \underset{k}{median}(X_i)}{\underset{k}{\max}(X_i) - \underset{k}{median}(X_i)} \qquad (6-1)$$

若 $X_i^k \leqslant \underset{k}{median}(X_i)$ 则

$$score^k = \sum_{i=1}^{5} w_i \cdot \frac{X_i^k - \underset{k}{median}(X_i)}{\underset{k}{median}(X_i) - \underset{k}{\min}(X_i)} \qquad (6-2)$$

式 (6-1)、式 (6-2) 中：

$score^k$ 为第 k 种方案的综合得分；

w_i 为第 i 个指标的权重；

X_i^k 为第 k 种方案的第 i 个指标的数值；

$\underset{k}{\min}(X_i)$ 为所有 k 种方案中第 i 个指标的最小值；

$\underset{k}{\max}(X_i)$ 为所有 k 种方案中第 i 个指标的最大值；

$\underset{k}{median}(X_i)$ 为所有 k 种方案中第 i 个指标的中位数。

三、各发债方案综合评价结果

根据层次分析法确定的权重以及标准化后的指标得分，得到各个方案的综合评分与排名（见表 6-13）。表 6-13 中综合得分越低，排名越靠前，方案越好。本课题分析的各个发债方案如表 6-14 所示。

表 6-13　　　　　　各个方案不同指标的得分及其综合评分与排名

	成本指标得分	风险指标得分				综合得分	排名
	付息金额	方差	尾部风险	情景风险	动态风险		
权重（%）	50	25.00	12.50	6.25	6.25	100	
2014 年方案	48.73	50.00	90.52	92.97	40.90	56.55	7

续表

	成本指标得分	风险指标得分				综合得分	排名
	付息金额	方差	尾部风险	情景风险	动态风险		
短期债方案	0.00	100.00	100.00	100.00	100.00	50.00	2
中期债方案	42.09	59.21	74.93	73.48	0.00	49.80	1
长期债方案	100.00	0.00	0.00	0.00	55.73	53.48	6
均衡方案	54.31	47.97	48.63	48.53	28.28	50.03	3
均衡偏长期债方案	78.24	21.06	22.81	26.31	50.00	52.01	4
均衡偏短期债方案	50.00	55.59	50.00	50.00	65.27	52.35	5

表 6 - 14　　　　　　　　　　　　各个发债方案

方案	短期		中期		长期		
	1	3	5	7	10	30	50
2014 年方案（%）	22.6	12.4	10.5	22.2	23.2	5.4	3.6
短期债方案（%）	25.0	25.0	12.5	12.5	12.5	10.5	2.0
中期债方案（%）	12.5	12.5	25.0	25.0	12.5	10.5	2.0
长期债方案（%）	12.5	12.5	12.5	12.5	25.0	23.0	2.0
均衡方案（%）	17.0	17.0	17.0	17.0	16.0	14.0	2.0
均衡偏长期债方案（%）	16.5	16.5	12.5	12.5	21.0	19.0	2.0
均衡偏短期债方案（%）	21.0	21.0	12.5	12.5	16.5	14.5	2.0

综合前面的分析结果，短期债券占比较大时，未来总的付息成本比较小，但各项风险都比较大；长期限债券比例越大，未来付息成本会相对比较大，但其方差、尾部风险和情景风险较小。

从综合评分结果来看，由于"2014 年方案"发行了较多的短期债（1 年期）以及较多的中长期债（7 年期和 10 年期），导致"2014 年方案"的风险较大并且付息成本也较大，综合评分排名靠后。中期债方案、短期债方案以及均衡方案的排名较为靠前，较好地兼顾了成本与风险。同时，考虑到国债的金融功能，为完善国债收益率曲线需要，各期限的国债发行需要相对比较均衡。因此，建议国债发行方案的各期限比例相对均衡。在此基础上，可以进行适当调整，相对多发中短期债券。

值得注意的是，本课题采用专家判断的方法对各项成本风险指标进行赋权，不同的专家判断会对权重带来一定影响，从而给综合排名带来一定变化。因此，在实际使用过程中，应在国债管理目标指导下，依据成本风险偏好对权重进行调整，从而得到更符合目标的结果。

第七章 国债管理战略的市场条件

国债管理战略的有效实施，既有利于市场的进一步发展，同时也依赖于市场的发展。良好的市场条件可有效降低政府的融资成本与风险，在极端市场条件下也能够保证政府融资活动的顺利进行。而且，当市场运行平稳、价格信息充分有效时，国债管理战略计量模型的各输入值更加可信，输出结果也更有参考价值。

本章将首先阐述国债管理战略应满足的市场条件，其次对我国正面临的市场条件进行说明。

第一节 国债管理战略应满足的市场条件

国际货币基金组织《公共债务管理指引》（2014 年修订版）中论述了国债管理战略应满足的市场条件，包括以下几方面。

一、一级市场方面

（一）一级市场的债务管理活动应公开透明并具备可预测性

经验显示，政府措施的透明会带来借债成本的降低以及市场运作有效性的提高。当然，政府也应保留根据市场条件变化而调整发行的权利，但是任何对计划的修改和新制定的发行计划均需及时公布于众。

（二）通过竞争性拍卖等市场机制发行债券

实践显示，政府采取市场机制来进行融资是最好的选择。在一些市场条件下，如果仅仅是为了达到短期内的债务成本目标而取消债券发行或减少发行量，这种方式是不可取的。因为经验显示，这种为了短期利益而采取的措施会损害政府的诚信度，长期来看反而会抬高该政府的融资成本。

（三）应致力于开拓更广泛的国债及相关债务管理工具的投资者群体，并公平对待所有投资者

为吸引更广泛的投资者群体，债务管理者可以使用各类型的金融工具以及收益率曲线中更多关键期限的债务管理工具，以满足投资者对于多样化投资和风险分散的需求。该措施对于新兴市场国家尤其有益。

二、二级市场方面

（一）高效的清算、结算系统

用于金融市场交易（包括政府债券）的清算和结算系统应当运行有效。其中券款对付（DVP）结算方式有助于最小化交易成本，因此可降低政府的融资成本。同时要保障在极端市场环境下清算和结算系统正常运行。

（二）推动弹性二级市场的建设

要保证在各种市场条件下，包括极端市场条件下，二级市场均能有效运转。弹性二级市场建设的重中之重是保持二级市场的流动性和透明度。因此在很多国家，债务管理部门、金融部门监管者以及市场参与者在如何提高市场交易活跃度方面合作非常紧密。提高二级市场流动性需采取各种措施，包括建立电子交易系统、交易报告规则制度、做市商制度及监管制度，通过回购、期权、期货等衍生品提高市场深度等。

（三）引入做市商网络是促进债券分销、市场深化和流动性的有效机制

有些国家采用一级交易商制度，要求一级市场承销商承担做市义务，取得了较好的效果。但一级交易商的激励措施、义务以及一级交易商的遴选标准，均需要明确及公布。

（四）清除降低投资者交易意愿的税收和限制性规定

政府可通过为投资者清除降低投资者交易意愿和扭曲投资者投资行为的规定

和税收安排，来推动高效二级债券市场的建立和维护。

第二节　中国国债管理战略面临的市场条件

从我国目前面临的市场条件看，一级市场的市场建设较为成熟，在发行机制、透明度方面已基本符合《公共债务管理指引》（2014 年修订版）的要求；而二级市场建设近年来虽然取得了较大的进步，但仍存在一定的改进空间。

一、一级市场方面

（一）国债发行机制

从 20 世纪 90 年代中期开始，探索以国债承销团制度为基础，采用招标方式发行记账式国债。2000 年，全面实现了国债无场化远程公开招标发行，国债发行效率和定价有效性得到了本质性提升，进入了国际先进行列。

（二）国债发行透明度

自 2000 年以来，陆续实现了年初公布关键期限国债发行计划及每季度公布季度发行计划，从 2012 年起，编印发放了国债发行兑付日历。这是多年来加强国债发行管理取得的显著成果，对于提高国债发行政策的透明度、稳定投资者的国债供给预期、促进市场的平稳运行具有积极作用。

（三）国债发行期限结构

2001 年开始将 7 年期国债作为关键期限国债每年定期发行两期。2002 年开始尝试发行 30 年期超长期国债。2003 年开始对已流通国债进行续发行，以提高单只债券的市场存量。2006 年实现余额管理后，进一步打开了国债发行的创新空间，开始定期滚动均衡发行 3 个月、6 个月短期国债；关键期限国债品种扩展到 1 年、3 年、5 年、7 年、10 年五个品种，滚动发行的次数增加，其中 7 年期从每年两期增加为四期。2009 年成功发行了 50 年期国债。此后，每年发行两次 20 年、30 年和 50 年期国债，使国债收益率曲线横坐标向右延伸。现已形成从 3 个月到 50 年的丰富完整的发行期限结构（见表 7 - 1），直接促进了国债收

益率曲线的完善。为其他债券品种和诸如人寿保险等长期限金融产品提供了定价
依据。

表 7 - 1 银行间记账式国债托管量分期限统计

待偿期限	托管量（亿元）	托管量占比（%）
1 年以下	6222.50	7.80
1 ~ 3 年	10746.90	13.48
3 ~ 5 年	17607.08	22.08
5 ~ 7 年	10853.20	13.61
7 ~ 10 年	18469.10	23.16
10 年以上	15853.67	19.88
总计	79752.45	100.00

资料来源：中央国债登记结算有限责任公司，截至 2014 年 6 月 30 日。

二、二级市场方面

国债二级市场建设主要围绕提高市场流动性和有效性展开。在相关主管部门
的大力推动下，近年来国债市场发展较为迅速，国债流动性也有了明显提高。但
从换手率来看，与国外发达市场相比仍相差较远。目前我国国债二级市场建设情
况和二级市场条件如下：

（一）托管和结算体系

我国建立了集中交易平台、中央托管结算机制，为国债提供发行、登记、托
管、结算、兑付、估值等一体化的服务模式，提高了市场效率，降低了成本。这
种一体化运作方式在国际上处于一流水平。此外，全面推开了国债券款对付结算
方式，有助于降低交易成本，从而降低政府的融资成本，目前我国券款对付结算
方式的应用程度在国际上处于先进行列。

（二）担保品管理业务

在发达国家债券市场，中央托管结算机构已经发展了多种担保品管理业务，
一些创新业务如三方回购、三方证券借贷等均在担保品管理业务的支持下获得了
令人鼓舞的发展。担保品管理业务的发展可提高交易效率，降低市场参与者的管
理成本和风险，使得担保品有了更大的需求，可极大地提高担保品的流动性。国

债一般被认为是市场接受度最高、使用最为广泛的担保品。因此我国应推动担保品管理业务的发展，提高国债的流动性。

（三）做市商制度

从 2011 年起，实行了对关键期限国债强制报价的做市商制度，2014 年起引入尝试做市制度，进一步扩大做市商队伍，为债券市场引入更多的流动性。但目前做市商制度仍不完善，未给做市商提供相应的激励措施和保证，影响了做市商报价的积极性和做市成交量的有效提高。这使得做市商制度仍没有完全发挥应有的作用，做市质量不稳定（见表 7 - 2），做市过程中提供的流动性不足。流动性不足降低了国债的价格发现能力，影响了国债管理战略计量模型的准确性。

表 7 - 2　　　　　　　　　中美国债报价点差平均值比较

年份	中国（BP）	美国（BP）
2009	9.67	0.68
2010	4.68	0.68
2011	5.03	0.49
2012	3.31	0.35
2013	8.84	0.32
2014 年前四个月	27.15	0.34

资料来源：中国外汇交易中心、彭博。

（四）投资者分层机制

近年来，我国国债市场投资者趋于多样化，国债市场已经成为一个包括商业银行、保险公司、证券公司、证券基金等大量机构投资者在内的规范化市场。2010 年开始对境外机构开放，引入了国际成熟的投资理念和更多的交易需求。但是相较于国际成熟市场，我国国债市场投资者类型仍显得较为单一，投资者仍存在风险偏好类似、投资同质化的现象（见图 7 - 1、图 7 - 2）。首先国内投资者以商业银行为主，2013 年年底商业银行国债持有量占国债总量的 69%，保险机构和基金占比分别为 4% 和 3%，而在美国基金、养老金和保险公司国债持仓占比共 18%，银行类机构持仓占比仅 3%。其次虽然正在逐步有序地对国外投资者开放中国国债市场，但相比美国国债市场国外投资者占半数，目前中国国债市场中国外投资者占比仍然很小。投资者结构的单一将影响到国债市场流动性、市场价格的有效性和国债市场总体应债能力，这对国债管理战略中确定国债规模、国债成本和风险均带来一定影响。

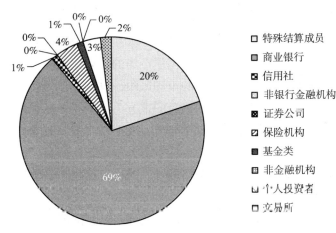

图 7 - 1　2013 年年末中国国债持有者结构

资料来源：中央国债登记结算有限责任公司。

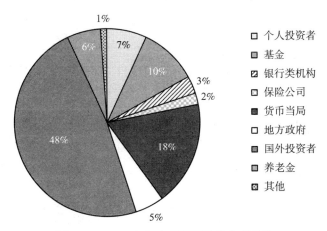

图 7 - 2　2013 年年末美国国债持有者结构

资料来源：www. sifma. org.

（五）二级市场透明度

财政部于 2014 年 11 月 2 日起，每日发布中国关键期限国债收益率曲线，一方面有助于提高国债市场透明度，有效降低国债价格及利率信息收集成本，为国内外投资者投资国债提供信息便利；另一方面可发挥国债收益率曲线的定价基准作用。此外，由中央托管机构提供第三方国债估值、国债指数等服务，进一步提高国债市场的透明性和精细化水平，对于提高国债市场的流动性有积极的促进作用。

（六）国债相关金融产品

2013年重启了阔别18年之久的国债期货，可为金融机构提供更多的国债避险工具和资产配置方式，也有利于提高国债市场的流动性。国债预发行制度也已推出，将有利于锁定国债承销团成员的市场风险，也有利于提高国债市场的价格发现。但是以上两类衍生产品均存在改进的地方。由于我国套利机制不完善，商业银行金融资产"四分类"下，以持有至到期为目的的投资比重过高，诸多老债券丧失了流动性，无套利机会，现货市场做空机制缺乏，虽有债券远期和借贷业务，但发展不够。这使得在当前市场环境下，国债期货对国债价格发现作用未能完全发挥，甚至使得国债现货价格存在"期货效应"，收益率偏高。而国债预发行交易量较小，市场活跃度需进一步提高。此外，随着国债指数产品的日益成熟和海外人民币资金对中国国债资产配置需求的增加，许多基金公司的境外子公司利用手中的人民币合格境外投资者（RQFII）资质推出国债指数基金。该产品进一步扩大了国债的市场需求，提高了国债市场的流动性。

（七）国债税收制度安排

国债税收影响投资人的实际收益，在一定程度上影响到国债的流动性。我国一直在理顺国债税收制度安排，力求税收制度有助于国债市场的长远健康发展，经过多年的努力，我国在这方面已经取得了很大进步，但国债税收制度仍存在一些问题。有关部门应尽快完善国债税收制度安排，为国债市场流动性的提高和国债市场的健康发展创造条件。

第八章　结　　论

本课题研究报告以国债管理战略的成本与风险为主线，在对国债管理战略的理论、国债管理战略的计量分析方法以及主要国家的国债管理战略计量分析经验进行研究的基础上，结合中国实际情况，构建中国国债管理战略计量分析模型，并对中国国债管理战略计量分析模型进行实证分析。

课题假定了七种发债方案，分别为"2014 年方案（2014 年实际执行的发债方案）"、"短期债方案"、"中期债方案"、"长期债方案"、"均衡方案"、"均衡偏长期债方案"和"均衡偏短期债方案"，对每种方案进行 10000 次模拟，计算出了每种方案对应的成本、风险和其他统计指标。

实证结果表明，如果单就各方案的成本（平均付息）和付息金额的方差来看，二者的确存在此消彼长的关系：短期债券在国债管理战略中占比较大时付息成本比较小，但各项风险都比较大；长期限债券比例越大，未来付息成本会相对比较大，但其方差、尾部风险和情景风险较小。因此需要综合考虑成本和不同种类的风险，找到综合表现比较好的国债管理战略。

根据这种情况，我们使用国债管理战略的综合评价方法对每种战略进行评分并进行排名。采用层次分析法来确定成本和各种风险指标所占权重并运用标准化方法对每个指标进行评分，在此基础上计算出每种战略的综合评分。

"2014 年方案"在七种方案中排名靠后，主要是因为"2014 年方案"发行了较多的短期债（1 年期）以及较多的中长期债（7 年期和 10 年期），导致 2014 年方案的风险较大并且付息成本也较大。

中期债方案、短期债方案以及均衡方案的排名较为靠前，较好的兼顾了成本与风险，并且考虑到国债的金融功能，为完善国债收益率曲线需要，建议各期限的国债发行相对比较均衡。

此外，建议参照国外经验，建立中国国债管理战略咨询委员会，来辅助财政部进行国债管理战略的制定。该委员会成员包括科研院校专家、金融机构国债投资资深专家和其他发债体债务管理资深专家，职责是为财政部提供市场情况和市场建议，代表市场与财政部进行交流，为国债管理战略的制定、执行和完善提供意见和建议。咨询委员会每半年召开一次会议。

参 考 文 献

［1］ Barro, R. J. (1999). Notes on optimal debt management. Journal of Applied Economics, 2 (2), 281 – 289.

［2］ Bergström, P. and Holmlund, A. (2000). A simulation model framework for government debt analysis. Riksgälds Kontoret: The Swedish National Debt Office.

［3］ Bergström, P., Holmlund, A. and Lindberg, S. (2002). The SNDO's simulation model for government debt analysis. The Swedish National Debt Office.

［4］ Bolder, D. J. (2001). Affine Term – Structure Models: Theory and Implementation. Bank of Canada Working Paper No. 2001 – 15.

［5］ Bolder, D. J. (2002). Towards a More Complete Debt Strategy Simulation Framework. Bank of Canada Working Paper No. 2002 – 13.

［6］ Bolder, D. J. (2003). A Stochastic Simulation Framework for the Government of Canada's Debt Strategy. Bank of Canada Working Paper No. 2003 – 10.

［7］ Bolder, D. J. and Rubin, T. (2007). Optimization in a Simulation Setting: Use of Function Approximation in Debt Strategy Analysis. Bank of Canada Working Paper No. 2007 – 13.

［8］ Dai, Q. and Singleton, K. J. (2000). Specification analysis of affine term structure models. The Journal of Finance, 55 (5), 1943 – 1978.

［9］ Danmarks National Bank (2010 & 2013). Danish Government borrowing and debt.

［10］ Danmarks National Bank (2008, 2009 & 2014). Danish Government debt management strategy.

［11］ Diebold, F. X. and Li, C. (2006). Forecasting the term structure of government bond yields. Journal of econometrics, 130 (2), 337 – 364.

［12］ Balibek, E. and Memis, H. A. (2012). Turkish treasury simulation model for debt strategy analysis. World Bank Policy Research Working Paper, (6091).

[13] Wheeler, G. (2004). Sound practice in government debt management. World Bank Publications.

[14] Heath, D., Jarrow, R. and Morton, A. (1992). Bond pricing and the term structure of interest rates: A new methodology for contingent claims valuation. Econometrica: Journal of the Econometric Society, 77 – 105.

[15] International Monetary Fund (2014). Revised Guidelines for Public Debt Management.

[16] Marc L. and Etienne L. (2011). Developing a Medium – Term Debt – Management Strategy. Canadian Funds Management and Banking Department.

[17] Ministry of Finance (1999). Guidelines for central government debt management in 2000.

[18] National Treasury of Brazil (2011). Optimal Federal Public Debt Composition: Definition of a Long – Term Benchmark.

[19] Nelson, C. R. and Siegel, A. F. (1987). Parsimonious modeling of yield curves. Journal of business, 473 – 489.

[20] Swedish National Debt Office (1999). Proposal for guidelines for the management of the central government debt.

[21] International Monetary Fund (2003). Guidelines for public debt management.

[22] The World Bank (2002). Guidelines for Public Debt Management: Accompanying Document.

[23] The World Bank (2003). Guidelines for Public Debt Management.

[24] United Kingdom Debt Management Office (2006). DMO Annual Review 2005 – 2006.

[25] United Kingdom Debt Management Office (2009). DMO Annual Review 2008 – 2009.

[26] 陈哲. (2008). 利率期限结构预测的实证研究. 复旦大学. 硕士学位论文.

[27] 贾康. (2010). 深入研讨国债风险与成本管理. 财政研究, 12, 72 – 73.

[28] 李彪, 卢志红. (2004). 我国国债发行规模中的协整和 ECM 实证分析. 安徽农业大学学报：社会科学版, 4, 42 – 46.

［29］李朝鲜，邓洁．（2012）．价格指数传导效应研究——基于 PPI、CPI 及 CGPI 三大指数的对比分析．价格理论与实践，8，47 – 48.

［30］李磊磊．（2009）．引入宏观经济因素的利率期限结构模型研究．厦门大学．硕士学位论文

［31］王拓，杨宇俊．（2011）．经济变量对不同待偿期国债波动影响的实证分析．统计与决策，19.

［32］韦士歌．（2000）．中国国债管理政策透析．国际金融研究，3，55 – 59.

［33］魏雪梅．（2013）．国债收益率影响因素分析及走势预测．债券，9，52 – 57.

［34］于鑫．（2009）．宏观经济对利率期限结构的动态影响研究．南方经济，6

［35］赵谦，（2007）．我国国债的风险和成本管理研究．哈尔滨工业大学．博士学位论文

［36］朱世武，应惟伟．（2000）．国债发行规模的实证研究．金融研究，52 – 60.

第二部分

项目评审专家对研究报告的评价

小荷终露尖尖角

——参与"中国国债管理战略计量分析"课题有感

中国农业开发银行资金计划部副总经理　刘优辉

2014 年以来，本人有幸参与了财政部"中国国债管理战略计量分析"课题的研究工作。经过一年多的努力，近日欣闻课题报告已经终稿，即将召开项目成果发布会。这对于进一步推进财政信息公开工作，提高国债管理政策的透明度，发挥国债市场化利率定价基准作用，以及促进国债市场持续稳定健康发展，都具有十分重要的意义。作为一名财税金融系统的老兵，我想这其中凝结着不止一代人的希望、努力、探索和实践。这一路走来，有欢欣也有伤感，有成功也有挫折。今天这份报告的出炉，标志着我们国家的国债管理策略计量，终于开始像金融发达国家一样，逐步进入到一个全面、公开、理性、科学的发展阶段了。

我是一名实务工作者，又全程参与了这一课题研究，俗话说"谁生的孩子谁喜欢"，所以我想对这一报告的学术评价，还是交由其他专家更为合适。我仅结合自身经历，谈点自己的感想。

一、当务之急，恰逢其时

国家的管理政策出台，既受当时的国情制约，也受当代人尤其是政治精英观念的制约。打一个不恰当的比方，一个刚从贫困山区进城务工的农民，不要说接受信用卡、消费贷这样的金融产品，就是借钱下个馆子，怕也是难以认同的吧。我国的国债管理，也大概经历了这样一个发展的过程。在完成最初国民经济建设任务之后，我国的国债管理被极大漠视，甚至一度以进入所谓"既无内债，也无外债"状态为荣。在这样的国情条件下，讨论国家国债管理战略，还要采用计量的分析方法，就好像跟明朝人谈民主一样滑稽。

随着改革开放的推进，我国 1981 年恢复发行国债，国债管理也随着人们观念的改变，慢慢提上议事日程。如果说，80 年代向老百姓摊派"国库券"的时候，国债管理还不免带有深深的计划经济烙印，那到 1992 年"327 国债"事件发生，国债管理的重要性已经超越具体财政政策的范畴，影响到国家金融和经济稳定，具有了战略意义。90 年代末以后，为对冲金融危机冲击和对抗国内通货紧缩，国家连续六年实施以扩大国债投资为核心的积极财政政策，国债规模日趋庞大，国债管理战略被广为研究，先进的计量经济学方法和手段也开始应用。

当下我国已经跃升为世界第二大经济体，国债管理战略对国民经济的影响巨大。发不发，发多少，怎么发，如何摆布期限，如何节约成本，如何确保安全，这一系列问题单纯靠定性的理论分析，难免陷入"公说公有理，婆说婆有理"的窘境。由主管部门牵头，借助外部力量，从定量的分析角度，通过建立计量经济模型，确定未来一段时间内科学合理的国债管理战略，既具有紧迫的必要性，又具有现实的可能性。既是当务之急，又属恰逢其时。

二、满腔热忱，不辞辛劳

"中国国债管理战略计量分析"课题的研究，是财政部的世界银行技术援助项目，由中央国债登记结算有限责任公司具体承办。坦白地说，刚接到参加课题专家委员会邀请时，我是略有迟疑的，怕自己能力有限，做不好这么"高端、大气、上档次"的研究课题事小，如果因此有负于这么好的时代机遇，就事大了。但转念又一想，任何开创性工作都无成例可循，也是充满风险和不确定性的，畏难不前既不是我的性格，也不是我做人的原则。如果我能把自己在国税总局、商业银行、托管机构和政策性银行等单位供职的经验，应用到这个课题上去，从发行人、投资人、托管机构整个国债管理链条的不同视角，对项目研究尽点自己的绵薄之力，既是我的荣幸，也是我的机遇。于是，我爽快地接受邀请，成为这个愉快大家庭的一员。

在此后一年多的工作中，课题项目组同仁孜孜以求的钻研精神和精益求精的治学态度，令我印象深刻。财政部领导和工作人员率先垂范，全面跟踪项目进度，反复与世行进行接洽，保证了项目良好的研讨氛围和完备的外部支持。国债公司领导和工作人员连续加班加点，克服数据源少、模型复杂等困难，在短时间就交出了一份有深度、高质量、可应用的报告初稿。各位专家委员会的专家不顾辛劳，反复研究动辄百页的报告文本，在谈论会上唇枪舌剑，互不相让。这一切都激励着我、督促着我，让我以更加饱满的激情、更加昂扬的斗志，投入到下一阶段的工作中去。项目组所有人员凭着自己执着的工作态度和为将来负责的历史责任感，硬是按期交出了自认为满意的答卷。同大家共事这段时光，也将成为我不可磨灭的愉快经历，珍藏在记忆中。

三、研以致用，泽被将来

中国人成事，讲究"天时、地利、人和"。课题的研究成果能够应用于实践，并指导实践，大概也无外乎这三个因素。

所谓"天时"，是说经过 30 多年的高速发展，我国经济面临经济速度的换挡期、结构调整的阵痛期以及刺激性经济政策副作用的消化期"三期叠加"的矛盾，原先依靠高投入、高消耗、偏重数量扩张的发展方式已难以为继。为跨过"中等收入陷阱"，实现 6.5% ~ 7% 的经济增长速度，就要在未来的 5 ~ 7 年的时间里，做好全方位改革，解决市场中仍然存在的扭曲。就国债管理而言，就是要继续深化国债管理制度改革，不断完善国债市场运行机制。应用这个报告和后续的研究成果，一是能借鉴国际通行做法，建立国债管理战略计量分析工具并加以运用；二是能进一步优化国债结构和发债节奏，完善国债发行计划；三是能继续完善国债市场化发行定价机制，防范各种风险；四是能完善国债二级市场运行机制，改善国债流通质量和价格形成机制；五是能有助于建立充分反映市场供求关系的国债收益率曲线，建立市场无风险基准利率。

经济"新常态"下，既要稳住速度，为调结构转方式创造条件，又要调整结构，夯实稳增长的基础。为继续实施积极的财政政策和稳健的货币政策，积极的财政政策就要加力增效，处理好债务管理与稳增长的关系。我国 1994 年分税制改革后，由于历史的原因，积累下来的地方债务风险，已成为当下高悬在我们头上的"达摩克利斯之剑"。尽早稳妥解决这一问题，已成为中央和地方的共识。2015 年 1 月 1 日开始实行的新《预算法》规定："地方各级预算按照量入为出、收支平衡原则编制，除本法另外规定外，不列赤字"，2015 年预计地方政府将发行总额高达 1.6 万亿元的债券。这份报告的应用正好沾了"地"利，一是能扭转观念，逐步建立大的国家债务概念，严格厘清中央政府债务和地方政府债务；二是能采取适当策略严控地方政府新增债务，通过逐步将地方政府债务纳入财政预算管理化解风险；三是为建立规范的地方政府举债融资机制树立一个样板标杆，以切实加强地方政府性债务管理，有效防范财政金融风险。

虽说"形势比人强"，可事情还得人来做。这份报告公布后，一是紧扣当前形势提出解决方案，有利于引起决策者的关注；二是与国际组织就这一问题建立起技术援助机制，有利于及时、全面地吸收发达国家相关的先进经验精华；三是项目的研究过程，有利于将来形成政府主管部门、市场参与机构、发行托管机构和学者专家参加的协调机制。四是经过多年的管理实践和市场培育，我们在理论界和实操上都有一大批经验丰富的专家人才，有利于相关人员关注这个问题，带动后续研究跟进。

俗话说"行百里者半九十"。由于时间紧迫和我们自身眼界、知识、能力、水平的限制，或许过段时间回头来看，这个报告仍有这样或那样不尽人意的地方。比如考虑到财政政策的反向性，大国在融资需求模型中，基本赤字或许并不完全是名义 GDP 的随机函数。再比如利率模型中变量的选取，是不是应该把财政收支差额和还本付息额纳入，以及变量的相关性和自相关性检验，都是可以探讨的。

但我想说，如果放下求全责备的目光，从更高层面来审视，这毕竟是第一次经世界银行提供技术支持、由政府主管部门主导、会同政学两界和实操人员一起，来进行国债战略计量分析研究，这本身就有划时代的意义。从这个角度说，我为自己参与了这个课题而深感自豪。下一步，随着我们国家财税体制继续理顺，国债管理战略计量分析必将从理论走向实践，在实践中验证自己、提升自己，迈上更高的台阶。我期待，这一天早日到来；我坚信，这一天已不遥远！

《中国国债管理战略计量分析》
课题评价

国家开发银行资金局副局长　余汪顺

我国自 1998 年实施积极财政政策以来，国债管理的重要性和复杂程度越来越高，客观上需要越来越重视计量分析手段在国债管理中的运用。随着我国利率市场化进程接近尾声和资本项目日益开放，未来金融市场的情况将会更为复杂，为国债发行提出了更大挑战。因此提高国债管理的科学性和前瞻性，降低国债筹资成本，防范国债管理面临的风险，是摆在我们面前迫切需要解决的一个重大课题。

"中国国债管理战略计量分析"课题研究就是在此背景下应运而生，满足了国债管理领域的一个重大空白，符合我国经济发展在"新常态"阶段的本质要求。我们认为，该课题在以下三个方面具有重要意义和突破。

一、符合党中央对于加强财政科学管理的总体要求

党的十八届三中全会对于财政、国债管理提出了三点要求：一是"健全反映市场供求关系的国债收益率曲线"；二是"建立跨年度预算平衡机制，建立权责发生制的政府综合财务报告制度，建立规范合理的中央和地方政府债务管理及风险预警机制"；三是"健全以国家发展战略和规划为导向、以财政政策和货币政策为主要手段的宏观调控体系，推进宏观调控目标制定和政策手段运用机制化，加强财政政策、货币政策与产业、价格等政策手段协调配合，提高相机抉择水平，增强宏观调控前瞻性、针对性、协同性"。

首先，在收益率曲线方面，健全国债收益率曲线要求国债发行具有较为长期、连续的发行策略，使得投资者有稳定的预期，这样中长期需求对于收益率曲线才能有较为完整的影响。特别是在资本项目日益开放的条件下，境外中长期投资者对于国债中长期发行策略和计划也有较为强烈的需求。

其次，在跨年度预算平衡方面，要求国债不能仅以年度为单位制定发行策

略。我国目前预算管理执行的还是以收付实现制为主的模式，这样导致国债在配合预算管理方面也具有一定的收付实现制特征，即以年为单位制定发行计划。未来预算管理更多关注跨期平衡后，对国债的中长期策略也有了更高的要求。

最后，在财政、货币政策协调方面，需要在财政管理领域引入更多现代货币科学、金融市场科学的元素。以往我国的财政政策、货币政策独立运行的特征还比较明显，二者的交集主要体现在宏观调控方面，即服务于经济刺激政策或经济抑制政策，而在金融市场建设方面合作还不够充分。未来财政、货币联动更紧密的条件下，也要求国债发行更多地考虑货币政策及其他金融市场条件，并与之互动。本课题在建立模型过程中充分考虑了金融市场外部变量以及货币政策的影响，体现了财政、货币的互动。

二、在模型方法上兼收并蓄

从本课题模型方法运用角度看，有以下四个突出优点。

第一，建模基础较为坚实。本课题模型方法的选取和应用建立在两大重要的基础之上：第一个基础是对现有模型工具的阐述及评估，如世界银行所采用的债务管理绩效评价工具体系（DeMPA），以及中期债务管理战略（MTDS）、成本与风险计量分析方法和主权资产负债管理（SALM）三种有关国债战略管理的模型方法。第二个基础是对世界各国实战经验的提炼比较，如美国的基于 VAR 模型的随机模拟，日本的成本与风险分析架构，和英国的 PST 模型等。第一个基础构筑了计量研究的理论框架依据，属于"上层建筑"；第二个基础则通过广泛深入的经验比较确立了实证分析的"实务基础"。本课题对理论和经验统筹兼顾，使模型架构的选取和确立显得充实而富有说服力。

第二，模型体系较为完善。本课题充分借鉴了世界各国国债管理战略计量分析经验，结合中国的宏观经济、市场特点等实际情况，采用成本与风险计量分析框架提出了中国国债管理战略的模型体系，共包含四个模块：一是成本与风险指标统计模块，用以量化不同发债方案的风险；二是融资需求预测模块，用以预测未来每年的融资需求，以及季度融资额分配方法；三是利率估计模块，用以估计未来的利率期限结构；四是组合模拟的过程，对于确定的发债方案，给出具体的随机模拟流程以及模拟过程需要的相关变量。与国外相比，本文模型体系适合中国的宏观经济和国债管理的实际情况，并且对利率走势、宏观经济和融资需求进行了较为全面的考虑。本模型创新的运用四个模块构成了有机整体，涵盖国债管理过程的各环节要素，既保证了模型输入的独立性和充分性，又实现了模拟分析的科学性与准确性。

第三，局部可操作性较强。一是融资需求预测模块，为解决年度基本赤字估计，采用均衡模型（假定年度基本赤字符合随机游走（random walk））和外部输入（设定年度基本赤字为外在输入变量）相结合的方式，并采用相对均衡法进行年度融资额分配。二是利率预测模块，采用 Nelson – Siegel 与宏观经济变量相结合的模型设计，不仅可以将利率曲线的建模问题转换为对模型的利率水平、斜率和曲度三因子的建模问题，实现与向量自回归模型（VAR）的结合，而且 Nelson – Siegel 模型相较于样条函数，其估计的参数相对较少，更适用于课题数据区间的特点。三是随机模拟模块，在不影响整体结果的前提下，采用假设模拟起始点后新增债券全部集中在季度中发行的方式，大大降低了模拟轨道的复杂度，可将模拟算法资源向更重要的部分倾斜，兼顾算法的准确度与效率性。

第四，模型可拓展性较高。一是模型体系本身的可拆分性较强。本模型采用成本与风险计量分析模型作为核心模块，利率模型、融资需求模型和随机模拟模型作为辅助模块，实现了"一拖三"的集团化模型体系结构，其中包括核心模块在内的各个部分都可以进行独立的拓展和改进。比如模型使用的成本与风险指标可继续扩展和变更，利率模型以及融资需求模型的变量选择、模型建构等都可以单独改进加工，而且所有改动均不会影响模型的整体性。二是模型体系向外延展性较强。鉴于本课题模型体系各模块的独立性，通过局部参数和模块的优化调整，可以将其拓展至国开行金融债、政策性金融债、地方政府债甚至企业类债券的发行管理，对批发性债券发行管理具有重要的借鉴指导意义。

三、操作细节方面考虑全面、细致

首先，成本和风险的定义清晰准确。为了给我国国债管理战略提供政策建议，本课题首先定义了国债的成本和风险，即战略管理的目标。其中成本定义为国债票面利率导致的国债付息额度，而风险定义为付息额度的波动方差等指标。这样的定义方法主要是考虑我国国债发行主要以人民币计价为主（所以不存在汇率波动的风险），而国债多为固定利率而非浮动利率。根据这个定义，文章采用多次模拟的方法，计算国债发行利率的统计分布，用模拟结果的分布方差来衡量利率波动风险，用模拟结果分布的集中度来衡量情景风险（即预测利率的极端值），用模拟结果的时间序列自相关性来衡量利率的动态风险（自相关越高，国债发行利率的动态风险越可控），最后还要考虑模拟结果在时间序列上是否平稳，从而分析国债发行利率的动态平稳性。这种方法可以根据模拟结果的水平统计指标和时间序列统计指标的分析，从静态和动态两个角度考察我国国债发行的成本和风险。

此外，本课题还定义了计算机模拟的其他国债相关统计指标及其计算机模拟迭代方法，例如债务存量＝上期债务存量＋新发行量－还本金量；新发行债券与债务存量比；存量债的久期；以及存量债的加权平均剩余期限等等。明确这些指标的统计方法和计算公式，对于文章建模分析是必要的。

接下来，本课题按照上述四个步骤进行计量分析。

第一步，在成本与风险指标统计模块中，统计我国国债存量和当期还本付息额度较为直观，可以根据定义直接通过计算机进行迭代计算。

第二步，在融资需求模块中，涉及国债的非置换融资需求，而这个融资需求模型主要就是预测我国的年度基本赤字。观察我国财政赤字的历史数据可以发现，财政赤字不太具备时间序列的规律，而更像是随机游走的波动。基于此观察，本课题在估计我国年度赤字的模型中直接假设赤字为随机游走，同时根据历史数据规定随机游走的区间和分布，再以此为基础进行随机分析和预测。这个假设忽略了财政赤字和宏观经济，人口结构，财政政策变化的关系，具有一定的局限性。但是在目前的技术和可用数据条件下，这个假设为模型的估计提供操作性。同时，第二步通过随机游走模型预测赤字和国债融资规模，在现有的数据结构下，预测结果的频率是年，而模型要做的是季度分析。于是这里面还涉及将模型预测的年度国债发行规模分配到每个季度的方法。文章采用的具体方法是相对均衡法，即如果当季度的债务偿还规模大于全年国债发行规模的1/4，则当季度的国债发行规模为债务偿还规模，以满足当季度不会出现无法偿还债务的问题。否则每个季度的国债发行规模为全年规模的1/4，即平均分配。这个分配方法较为直观和简单，但是忽略了财政政策的季度效应。

第三步，在利率模块中，即发行国债的利率期限结构的预测。文章具体的做法是选用预测利率期限结构模型中较为常见的 NS 模型，将利率期限结构的预测简化为预测利率曲线的水平、斜率和曲度三个指标，然后结合宏观经济一般均衡模型估计中的向量自回归方法，利用价格水平指标（CPI），实体经济指标（GDP、工业增加值、用电量、铁路运输量等），货币政策指标（如社会融资规模，短期利率等），以及其他金融市场指标（例如股票市场指数等）对国债发行利率进行计量估计。其中，货币政策指标对国债收益率的影响是显而易见的，但是货币政策和国债收益率的关系却越来越复杂。许多国家已经使用国债收益率作为货币政策的工具，而我国的数据也显示出国债收益率对货币政策有领先意义。所以在估计国债收益率的时候，需要更多地考虑货币政策的内生性。而其他金融市场的指标对国债收益率的影响在理论上也较为明显，呈现所谓的"跷跷板效应"。这主要考虑到资金在债券市场和其他资本市场中的流动问题。但是在我国，由于股票市场和宏观经济关系较弱，而债券市场和宏观经济关系较强，股票市场对债券市场的预测能力也较弱。考虑到以上各种因素，模型通过尝试不同的解释变量组合和模型模拟拟合度比较，寻找最优的解释变量组合，并确定回归模型，从而对国债利率期限结构进行预测。

第四步，在组合模拟过程中，为了简单起见，本课题假设国债期限为整数年，并且给出了几个国债期限结构组合的例子，分别计算这几个期限组合的国债发行方法产生的未来现金流，还本付息成本，债务风险等。决策者可以根据这几个期限组合的例子来判断和选择最优的国债发行规模和期限结构。最后这个步骤的局限性表现在其只能根据模型前面三步的结果估计最优发债规模，但是不能采用最优规划的方法对国债具体的期限结构组合进行求解，而只能给出几个期限组合的案例来分别计算各自的成本和风险。如果模型已经通过第三步得到了国债利率期限结构的估计，应该可以求解出每一期成本和风险最小，收益最大的最优国债期限组合。这将是模型下一步要考虑的研究方向。

综上所述，本课题的研究方向符合我国经济新常态下的客观情况，在模型方法上吸收了历年国内外先进的成果，在具体推导中较为细致、贴合中国国情，具有较强的可操作性。

《中国国债管理战略计量分析》
课题评价意见

浦发银行金融市场业务总监　谢　伟

在国家全面深化改革背景下，《中国国债管理战略计量分析》课题从国债管理战略的目标和理论出发，借鉴国际先进经验和国债管理战略分析方法，结合中国的实际情况，探索出了适合我国的国债管理战略计量分析模型。课题为我国构建"定性＋定量"分析并重的国债管理战略奠定了良好的基础，有助于提升我国国债管理水平和加强债务管理能力，也是实现"十二五"规划关于深化国债管理战略制度改革要求的重要内容，课题成果具有极高的现实意义和实践价值。

一、有助于提升国债管理的科学化、精细化水平，推动国债管理迈向新阶段

自 1981 年恢复国债发行以来，国债的年发行规模已从最初的几十亿元增加至 2 万亿元，余额超过 10 万亿元。随着国债规模大幅度增加，应按照何种思路安排适度的国债规模，及时调整实际发行量和需求量之间缺口，以保证宏观经济正常运行，实现经济的内外均衡，是国债管理面临的现实问题。同时，国债已经成为财政政策的重要组成部分，国债管理的重要性和复杂程度日益凸显，客观上需要科学、量化分析等更具前瞻性的管理手段。此外，国家"十二五"规划提出关于深化国债管理改革的内容，党的十八届三中全会提出要建立规范合理的中央和地方政府债务管理及风险预警机制，在此背景下，国债管理战略计量分析课题恰可作为贯彻落实政策要求的重要研究保障，是我国国债管理工作从以定性分析为主向定性、定量分析并重方向转变的开始，具有极高的现实意义和实践价值。不仅为我国国债管理的实际操作提供科学依据，做到准确计量债务管理战略的成本和风险，优化国债期限结构，也为提高国债发行管理精细化程度及提高中长期国债发行预测准确性提供可能，契合中期财政规划管理。课题成果的应用和持续

探索，将推动我国国债管理战略迈向新阶段。

二、课题充分借鉴国际经验，研究分析方法具有较强的科学性和扩展性

课题的目标设定、关注要点、分析方法等领域均充分借鉴国际经验，但并未简单套用国外已有方法，而是针对我国实际情况，探索出适合我国国情的国债管理战略计量分析方法。

从课题目标看，在研究澳大利亚、比利时、巴西、加拿大、哥伦比亚、丹麦、芬兰、爱尔兰、意大利、墨西哥、荷兰、新西兰、葡萄牙、韩国、瑞典、泰国、英国、美国等 19 个国家的国债战略管理目标基础上，结合自身情况，提出我国国债管理目标，即在可接受的风险范围内最小化债务成本，同时促进本国债券市场的发展，既保持目标具有世界范围内普遍的特征，又符合我国的实际情况。但由于现阶段我国国债品种较为单一，此课题在现阶段研究的国债管理战略主要侧重于中长期内最优国债期限结构的制定和执行。

从分析方法看，课题涵盖了主要国债管理战略计量分析方法的比较，以及主要国家具体运用计量分析的经验，探索出适合我国国情的、具有可操作性的分析方法。课题分析了国际上主要的三种国债管理战略计量分析方法，包括世界银行和国际货币基金组织开发的中期债务管理战略（MTDS）框架，国际上占据主流的成本与风险计量分析方法，以及基于资产负债表的主权资产负债管理（SALM）框架。比较得出成本与风险计量分析方法较为符合我国的国债管理战略。同时，在结合美国、日本、加拿大、英国、瑞典和丹麦等高收入经济体长期实践中积累起的较为成熟的国债管理战略计量分析经验，以及巴西和土耳其等中低收入经济体近些年分析探索的基础上，通过对中国经济数据、国债数据的理论和实证分析，构建起中国国债管理战略计量分析模型。模型对宏观经济、利率走势和融资需求等进行了综合考量，具体包含成本与风险度量方法、融资需求模型、利率模型和国债管理战略的模拟过程四个模块，基本符合当前我国国债管理的需求。

此外，由于课题是计量分析在中国国债管理战略中首次全面运用，实施了大量研究和探索，除课题内容本身以外，课题在指标的探索使用和模型扩展性等方面也具有开创性、突破性。

模型充分考察了能涵盖的宏观经济指标。模型将宏观经济变量分为实际经济行为、货币政策行为及商品价格行为三类。实体经济行为指标主要包括产出缺

口、工业增加值、固定资产投资增速、采购经理指数（PMI）等；货币政策行为主要包括 M1、M2、存贷款利率、短期利率、银行贷款等；商品价格行为主要包括 CPI、PPI、企业商品价格指数（CGPI）等。除上述较为普遍使用的变量之外，随着近年来金融管理需要和市场的发展，模型还将克强指数及其分项（工业耗电量、铁路运输量和贷款发放量）以及社会融资规模纳入考察。

根据课题所述，由于国债管理战略计量分析模型具备很强的扩展性，其中所包含的模型和参数均可根据实际情况进行优化或调整，因此，国债管理战略计量分析模型不仅可应用于国债，在地方政府债、政策性金融债和企业类债券的发行管理中均适用。政策性金融机构和有长期发债规划的大型企业均可借鉴这一模型的分析方法。未来，随着地方政府债券发行规模的扩大，期限结构的完善，该模型也将为地方政府管理自身债务提供重要的研究工具。按照课题分析，国债管理战略计量分析模型的成本与风险权衡的思想，不仅可以运用到国债管理的分析，也可应用于金融机构等投资主体的投资战略中，因为，发行人的成本便是投资人的收益，发行人成本的波动性便是投资人面临的市场风险，这对金融机构投资规划也具有重要的借鉴价值。

三、课题提出的局限性和持续探索方向，为不断完善国债管理提供重要思路

计量分析的使用往往受制于客观条件和数据的可得性，部分思想无法实现，该课题也不例外。课题提出了持续探索的方向，为未来国债管理长期优化和动态发展提供了重要思路。

在局限性方面，首先，课题仅将中央政府发行的国债纳入分析，而未能考虑地方政府发行的债券以及其他类型的债务，而具有准政府债券特征的政策性金融债也未能纳入，上述两者均与国债有一定的互补作用。其次，模型侧重于分析国债管理过程中面临的成本和风险，未考虑国债负担率等指标。而国债发行规模和余额一旦逼近或超过负担率警戒线时，必然会带来融资成本和再融资风险的明显上升，从而导致模型失效。这也是模型的局限之处。再次，未考虑国债的单期发行规模对发行成本的影响。涉及对市场需求的预测，属于难度更大的动态预测问题。从提高预测能力的角度出发，未来也需要在这方面进行深入的研究。此外，课题仅从计量的角度考虑国债管理问题，对未来定性分析和定量分析如何结合，以及国债管理制度层面的改革，政策之间的协调等问题并未做进一步分析，这些

都是未来国债管理战略需要考虑的问题。

从研究方向上，随着人民币国际化、"一带一路"等重大战略的实施，人民币境外国债可能出现，外币国债规模会扩大，模型需要综合考量这些因素，纳入分析。也因此，国债管理的风险因素将不只是考虑利率风险，汇率风险、流动性风险等都将成为重要的影响因素。另外，未来经济结构调整将加快，服务业重要性日益提升，现在建立在制造业指标为基础的利率模型存在一定局限性。融资需求方面，人口结构变化、境外融资扩大等，都将改变现有的格局。模型需要伴随着宏观经济、国内外环境、人口结构等因素变化做出调整。

总体来看，虽然受制于客观因素，中国国债管理战略计量分析课题提供的量化方法和依据，不失为我国国债管理的重大突破。今后一段时间，课题成果的作用会逐步显现，定性分析与定量分析的结合，将有效优化国债的发行计划和期限结构，推动财税制度改革，合理控制财政赤字规模的扩张。课题成果的完成以及未来进一步探索应用，将推动我国国债战略管理迈向新高度。

《中国国债管理战略计量分析》评阅意见

招商银行金融市场部总经理　戴志英

20 年前，初出校园的我有幸加入了商业银行的债券投资团队，由此步入了多姿多彩的固定收益世界。彼时，中国的固定收益市场可谓混沌初开，对于一个刚入行的新人而言，最先接触到的自然是市场中最基础的投资品种——国债。20年过去了，今日的中国固定收益市场无论在融资规模、投资品种还是国民经济重要性等各个方面均比昔日有了跨越式的发展。尽管如此，作为整个市场的灵魂品种，国债依旧扮演了极其重要的角色。这些年来，作为一个市场的直接参与者，我见证了国债投资从交易所市场到银行间市场、从一级市场到二级市场、从单纯现货市场到衍生品市场逐渐成熟的各种变迁。但我并不满足于此，我一直想站在一个更高的角度去观察这个市场，去发掘与探索市场背后的运行逻辑。然而，由于精力与眼界所限，这个愿望一直没能实现。直到近日看到了《中国国债管理计量分析》的研究成果，我顿感眼前一亮，于是迫不及待地开始细细品读。读罢全文，有一种豁然开朗的感觉，许多之前在投资交易过程中积累的困惑迎刃而解，对国债市场的理解也愈加深刻。

整篇研究报告主题明确，先是系统阐述了国债管理的战略的理论内容，让读者对该领域有了一个全面而专业的了解；接着紧紧围绕"计量分析"这一主线，对国债管理的计量分析方法进行了阐述，摆脱了之前相关课题以定性分析为主的桎梏；随后列举了大量发达国家与发展中国家在国债管理计量分析方面的翔实案例，为读者提供了参照的标准，大大提高了报告内容的丰富性；最后，报告展示了其最核心的部分，即在总结国际经验的基础上，结合中国国债市场的具体情况，构建出的适用于我国国债管理的计量模型，并运用模拟方法进了实证研究，进而引申出对中国国债管理战略层面市场条件的政策建议。总体来说，全文真正做到了主题深刻、立论系统、论据充实、模型严谨，可谓是一篇质量超群的研究报告，也必将成为固定收益领域相关研究的圭臬之一。

《中国国债管理计量分析研究报告》（以下简称《报告》）分为八个章节展开

论述。第一章为前言，阐述了报告的研究主旨，即借鉴高收入经济体国债管理战略的制定及实施经验，结合中国国债市场实际状况，研究建立中国国债管理战略计量分析工具，开发中国国债筹资成本与市场风险管理计量分析模型。开展国债管理战略计量分析的目标是科学地制定国债发行计划和中长期国债管理战略，定量优化国债组合结构和债务筹资节奏，尽可能节省国债利息支出和有效管控市场风险，促进国债市场稳健运行和国家财政可持续发展。

《报告》的第二章提出了国债管理战略的概念，并提出了我国国债管理的目标：在可接受的风险范围内最小化债务成本，同时促进本国债券市场的发展。所以，国债管理战略是围绕实现债务管理目标而制定的一个最优的中长期计划，根据债务管理部门对成本和风险的偏好，确定合理的债务组合结构。国债管理战略将通过新债发行的品种结构和期限结构管理、负债管理等方法来实现。报告认为我国国债管理战略关注的主要因素为成本和风险，需在有效计量成本和风险的基础上，根据自身的风险容忍度在二者之间进行权衡，从而制定有效的债务管理战略。

《报告》的第三章具体介绍了国际上三种主要的国债管理战略计量分析方法，即中期债务管理战略（MTDS）、成本与风险计量分析方法和主权资产负债管理（SALM）。MTDS 是由世界银行和 IMF 开发的一套较为简单的辅助制定中期债务管理战略的框架，成本与风险计量分析方法的框架和 MTDS 基本相同，但是在精细度和准确度方面均较 MTDS 有较大提升，是 MTDS 的深化。与以上两种方法不同，SALM 是基于资产负债表的主权资产负债管理框架，旨在评估主权资产负债表的可持续性并就潜在的脆弱性提供相应政策建议，在设定的风险范围内，实现融资成本最小化和资产收益最大化，使用条件比另外两种方法更加苛刻。

《报告》的第四章列举了美国、日本、加拿大、英国、瑞典、丹麦、巴西及土耳其等八个国家在国债管理战略计量分析领域的相关经验，并将这些国家分为高收入国家及中低收入国家两个大类进行研究与类比，筛选出其中的相似点和不同点。这些例证均为下文提出的适合我国国情的国债管理战略计量分析模型提供了有利的参考。

《报告》的第五章介绍了中国国债管理战略计量分析模型的研究架构。模型以成本与风险计量分析为框架，同时认为加拿大的利率预测方法考虑了宏观经济与利率的相互影响以及宏观经济对财政收支的影响，在理论上更为严谨，将其作为中国模型进行利率预测的主要参考方法。该模型主要包含以下四个模块：一是本模型关注的成本与风险指标以及国债管理相关的统计量，从不同的角度刻画各发债方案的风险；二是融资需求模型，探讨如何预测未来每年的融资需求，以及季度融资额的分配方法；三是利率模型及其参数的估计方法，据此可以估计未来的利率期限结构，从而确定未来新发的各期限国债的付息额度；四是组合模拟的过程，对于确定的发债方案，给出具体的随机模拟流程以及模拟过程需要的相关变量，包括存量债券的现金流、还本额度以及付息额度的现金流等。而且，其各个模块都可以进行独立的拓展和改进，大大提高了模型整体的有效性。在建立模型之后，报告给出了战略管理的模拟过程方案。最后，报告着重指出了该模型在扩展性方面的优势，因为其所包含各类参数均可根据实际情况进行优化或者调整。因此，国债管理战略计量分析模型不仅仅可应用于国债，在地方政府债、政策性金融债和企业类债券的发行管理中也都适用。例如，在应用于地方政府债管理战略时，可依据地方财政收支情况建立地方政府融资需求模型，依据地方政府债券利率决定因素建立利率模型，并对地方政府债的成本风险指标进行模拟测算，从而对地方政府债的发行管理提供优化建议和有力支持。由此可见，该模型的操作意义重大，实际作用相当可观。

《报告》的第六章主要进行了国债管理战略计量分析模型的实证分析。报告以季度为单位进行模拟，对 2014 年的国债管理战略进行了实证研究，计算出每种战略对应的成本与风险指标并对每种战略进行综合评分供决策参考。实证结果表明，如果单就战略的成本（付息额度期望）和付息金额的方差来看，二者的确存在此消彼长的关系。但是如果考虑战略的成本和多种风险，便没有非常明显的相关关系。因此需要综合考虑成本和不同种类的风险，找到综合表现比较好的国债管理战略。故而报告建议，考虑到国债的金融功能，为完善国债收益率曲线需要，各期限的国债发行期限需要相对比较均衡。

《报告》的第七章主要描绘了国债管理战略实施所需要的市场条件。毕竟，良好的市场条件可有效降低政府的融资成本与风险，在极端市场条件下也能够保证政府融资活动的顺利进行。同时当市场运行平稳、价格信息充分有效时，国债管理战略计量模型的各输入值更加可信，输出结果也更有参考价值。报告还建议参照国外经验，建立中国国债管理战略咨询委员会，来辅助财政部进行国债管理战略的制定。该委员会成员包括科研院校专家、金融机构国债投资资深专家、其他发债体债务管理资深专家，职责是为财政部提供市场情况和市场建议，代表市场与财政部进行交流，为国债管理战略的制定、执行和完善提供意见和建议。

总体来说，本《报告》以国债管理战略的成本与风险为主线，在对国债管理战略的理论、国债管理战略的计量分析方法以及主要国家的国债管理战略计量分析经验进行研究的基础上，结合中国实际情况，构建出我国国债管理战略计量分析的模型，并运用多种科学的拟合手段进行实证分析，对模型的实用性作出佐证。

结合自身对固定收益市场特别是国债市场的认知以及多年在商业银行的工作经历，我感觉本篇研究《报告》为我们今后研究、投资中国固定收益市场指明了新的道路。它从一个更高的战略高度让市场的参与者认识到政府管理国债规模、提高国债的使用效率所可能采取的战略手段及政策纲要，让其意识到政府债务管理的目标不再是单纯的满足政府当年的融资需求，而是要同时注意三个方面：一是要从中长期前瞻性的角度来考虑问题，二是要适当控制融资成本，三是要关注债券组合可能面临的风险。可以说，本篇报告比较充分地吸收了国际上的先进经验，以保证成果处于国际先进水平之列，同时又结合中国实际情况，在对成本和风险指标进行分析并对管理战略进行综合评价方面，进行了创造性探索。

最后，真诚地感谢课题组的成员奉上的这份关于"国债管理战略计量分析"的饕餮盛宴！

第三部分

公共债务管理战略计量分析的国际通行做法

《公共债务管理指引》修订建议和
主权资产负债管理

国际货币基金组织货币与资本市场部副主管　Michael Papaioannou

一、《公共债务管理指引》修订建议

（一）《公共债务管理指引》修订的背景

IMF—世界银行《公共债务管理指引》（以下简称《指引》）于 2001 年采用，2003 年修订，《指引》是一系列自发性原则，用以帮助债务管理者改进债务管理实践并降低金融脆弱性。对于 IMF 和世行而言，《指引》的主要作用是咨询，而对于中央银行和货币当局而言，《指引》的主要作用是国债管理。

自《指引》于 2001 年被采用，并于 2003 年修订以来，金融领域监管变化和宏观经济政策发展对债务管理者所处的金融格局产生了重大影响。在此背景下，G－20 财长和央行行长在 2013 年 2 月 15~16 日于莫斯科召开的会议上，要求 IMF 和世界银行"对现行《公共债务管理指引》进行审视，以确保其与时俱进。"

为启动《指引》的更新工作，IMF 和世界银行工作人员对成员国相关政府部门进行了调查。调查反馈显示，目前《指引》仍然是适当的，但也需要根据新情况做适当的更新。2013 年 6 月 19 日，在华盛顿 IMF 总部召开了一次有关《指引》的咨询会议，并于同年 9 月成立了由债务管理专家组成的工作组，参与对《指引》的评估。工作组包括来自以下国家债务管理部门和中央银行的代表：阿根廷、孟加拉、比利时、巴西、科摩罗、丹麦、冈比亚、德国、印度、意大利、牙买加、韩国、中国、俄罗斯、塞拉利昂、西班牙、苏丹、瑞典、土耳其、美国、乌拉圭、越南；瑞典国债管理局首席经济学家 Lars Hörngren 担任组长；参与修订工作的还有 IMF 小组和世界银行小组，其中 IMF 小组由货币和资本市场部组成，世界银行小组由经济政策、债务和贸易部、金融咨询和银行部工作人员组成。IMF 和世界银行工作人员同工作组和全体成员密切磋商，确定评估范围和方式，以更好的帮助各个国家进行债务管理。

在 IMF—世界银行 2013 年年会召开期间，工作组成员以及来自其他国家的债务管理者参加了 10 月 15 日在华盛顿举行的第二次《指引》咨询会议。《指引》的修订收到了来自 IMF 和世行成员国广泛的反馈意见和建议。除工作组成员国外，还有多个国家的相关部门也提供了建议，包括澳大利亚、加拿大、法国、危地马拉、匈牙利、爱尔兰、日本、新西兰、波兰、南非、英国。因此，本轮修订是根据全球经济的发展情况，结合过去 10 年来各国积累的有关债务管理方面的经验和建议，对 2001 版和 2003 修订版进行更新。

（二）《公共债务管理指引》修订的具体内容

本轮对《指引》修订的目的在于搭建一个宏观的框架，各国根据其具体情况，找到切入点从而进行应用。修订主要包括六个方面：债务管理目标及协调、透明度和问责、制度框架、债务管理战略、风险管理框架、有效政府债券市场的发展与维护。

第一，债务管理目标及协调。

债务管理目标及协调是本轮修订中最重要的部分。来自 30 多个国家的人员组成的修订工作组已达成共识，《指引》应继续以实现债务管理目标——在一定的风险容忍度下，尽可能以最低成本满足政府筹资需要——为宗旨。为了能达到这个目标，需要做到以下几点：（1）明确财政部门遵守债务上限和进行债务可持续性分析（DSA）的责任。（2）明确债务管理者在为 DSA 提供相关信息中所起的作用。建议财政部门，特别是在危机阶段，将实际可承受的债务数量反馈给市场。（3）信息交流，征集债务管理者关于金融领域监管对债务市场所产生影响的看法观点。债务管理者需要与市场保持沟通，并周期性的向市场反馈信息，保持与市场的双向交流。债务管理者还需要与其他监管部门沟通，明确各部门的政策对市场的交互影响，并进行协调。

第二，透明度和问责。

建议在加强与投资者沟通方面制定指引，特别是在危机阶段。为此，需要做到以下几点：（1）应定期提供债务组成和风险指标等相关信息，以减少市场不确定性。（2）有关债务管理的法律文件应能较易获取。（3）应对 IT 系统和风险控制系统进行外部审计。

该修订的目的在于保证私营部门和债务管理者之间的相互承诺，以及保证债务管理者实施战略，尤其是预算和预期不符时实施战略计划。透明度的提升能够让债务管理者将更多的信息反馈给市场，帮助市场更好地理解战略计划。

第三，制度框架。

如何让制度框架适应多个国家的实际情况，是进行本轮修订的目标之一。本次修订对集体行动条款（CACs）做进一步指引，实践证明在债券合约中使用集体行动条款有利于有效的债务重组。

第四，债务管理的战略。

本次修订对风险降低策略进行了更加详细的说明，特别是在流动性管理、完善风险定义、建立包括现金缓冲器在内的应急预案等方面，包括将发展国内债券市场作为发展战略的重要性以及资产—负债管理（ALM）框架应用所存在的实践局限。

第五，风险管埋框架。

风险管理框架要适用不同的国家、不同的情况，考虑不同情况下，实行框架会带来什么结果。工作组提出的更新建议更加强调：（1）债务组合的压力测试，考虑国家当前的债务组成，能够承受多大的压力，吸收多少新发债务，这个问题在发达国家和新兴市场国家都存在。（2）应更加突出衍生工具在风险管理中的使用。（3）应注意需要对所产生的信用风险进行管理，这在新兴市场国家中尤为明显。（4）债务管理者需考虑由或有负债，如公私合营（PPPs）所产生的风险。

第六，有效政府债券市场的发展及维护。

债务管理者应运用适当的债务管理政策以提高国内债券市场流动性，以及迅速判断并处理国内政府债券市场发展障碍，如投资者基础不够多元化等方面。同时，《指引》也强调了保持一定发行计划灵活性的重要性。

（三）《公共债务管理指引》修订版的使用和传播

IMF 和世界银行将于 2014 年 4 月中旬批准更新后的《指引》。《指引》将被 IMF 和世行工作人员用于提供技援咨询框架，并作为讨论 IMF 监管的一个背景。

二、主权资产负债管理

（一）主权资产负债管理的背景

当前，许多主权国家的资产负债结构出现了新形势，包括政府和央行的资产负债表快速增长、新的人口结构和养老金负债、不可再生资源管理等。基于这一背景，对于主权资产负债表——债务、外汇储备、养老基金、主权财富基金（SWF）——的一体化管理受到关注。

近年来，发达经济体公共债务增长迅速。2007 年以来，发达国家的一般政府性债务占 GDP 的比重从 70% 左右迅速上升，2013 年已经超过 100%。而在新兴国家表现出了相反的情况，这些国家的一般政府性债务占 GDP 的比例在下降，2013 年为 37.5%。

从资产看，发达国家和新兴国家的外汇储备都在快速增长。主权财富基金的资产总量增长也非常快，从 2007 年的 3172 万亿美元增长到 2012 年的 5545 万亿美元。

在主权国家负债和资产都迅速增长的背景下，主权资产负债表的分析框架越显重要。

（二）主权资产负债管理的框架

主权资产负债管理（主权资产负债管理）是一个应用于主权资产负债表的分析框架，旨在评估主权资产负债表的可持续性并就潜在的脆弱性提供相应政策建议，在设定的风险范围内，实现融资成本最小化和资产收益最大化。主权资产负债管理提出一个资产—负债管理的总体方法，将资产和负债统一起来对待，确保将主权资产负债表风险降至最低。具体来说，就是在可接受的风险水平下，将成本最小化，或者是在假定的国家风险容忍度下，将收益最大化。

主权资产负债管理的框架包括以下三个部分：（1）监测和量化经济、金融风险，包括汇率、利率、通胀、商品价格和或有负债的变动对主权资产负债表造成的影响。（2）通过设计和实施适当的宏观金融稳定政策，识别、计量和管理主权资产负债表主要金融风险。（3）帮助量化由或有负债，如银行资本结构调整、国有企业重组带来的潜在的长期财政和金融挑战。

主权资产负债管理的目标是：保证主权净财富的增长，支持可持续的宏观经济政策。主权资产负债管理的制约因素包括：资产负债表的约束，包括初始资产和负债的水平和组成；国内经济情况的限制，包括利率政策、或有负债、市场发展；外部限制，包括汇率、他国利率、商品价格、市场风险偏好等。主权资产负债管理工具包括：金融风险管理的模型，或有债权管理方法，而具体采用的债务管理工具取决于本国的实际经济环境。

（三）　主权资产负债管理的目标

主权资产负债管理旨在确定主权资产负债表的主要组成部分，以便于恰当地使用主权资产负债表综合方法，力图达到以下提高宏观金融稳定性、降低融资成本、提高风险调整收益的目标；而只将主权负债或资产单独进行最大化管理的资产负债表是"次优"的。

不同国家根据自身的情况，可确定不同管理目标。

目标一：在考虑主权负债和外币资产情况下，长期社会福利最大化。在这种情形下，债务管理者应选择资产 – 负债方法（ALM），即将债务管理和资产管理在一个统一的框架内加以考虑，考虑二者之间的相关关系，综合考虑各项风险，从而得到一个最佳方案。

目标二：在主要考虑外币资产情况下，长期社会福利最大化。在这种情形下，主要考虑的是资产，则应使用只包含资产的 SAA 方法。这种方法适用于外汇储备过剩的国家（扣除债务偿还/回购后），将富余资金通过主权财富基金进行配置。

目标三：在一国拥有净债务情况下，长期社会福利最大化。在这种极端情况下，应使用只包含公共债务管理的方法。

目标四：降低货币和期限错配导致的资产负债表风险。运用主权负债管理，旨在解决主权资产组合外汇错配可能导致的外汇流动性风险，或主权资产组合的期限错配问题。

在定义主权资产负债管理目标时，政府资产负债表中资产和负债的标准化是一个难题。从现实情况来看，大约 60 个国家的政府资产负债表是非标准的，甚至有些国家只发布财政预算、央行和国有企业等的资产负债表。

从狭义的定义来看，资产负债表可只包含公共债务和外汇储备，但从广义的定义来看，资产负债表包含所有主权资产和负债。

全球金融统计（CFS）的资产负债表划分方法基于会计学原理，涵盖一般性政府所有权下的全部资产和负债。在全球金融统计的资产负债表下，资产方有：金融资产、货币性黄金和特别提款权、债券、贷款等，负债方包含国内国外负债、特别提款权、货币和存款、除股票外的证券、贷款等。瑞典、新西兰、土耳其是采用这种资产负债表划分方式的。

而默顿（Merton，2007）基于经济学原理提出了另一种资产负债表表格，主要是考虑未来收入和支出，以及特定的跨期主权要素。在默顿的划分方式下，资产主要是指收入现值，包括税收、收费、铸币税；负债部分主要是指无选择支出现值，包括社会经济发展、国家安全、政府管理的支出。墨西哥、匈牙利采用这样的框架。

（四）主权资产负债管理的制度安排

主权资产负债表的管理通常授权给不同部门来进行。例如，公共债务一般由财政部负责管理，外汇储备由中央银行负责管理，养老金负债由养老基金管理，主权财富基金也有专门的机构进行管理。而每个部门都有其自身的风险—收益目标和策略，因此，各部门间需要协调配合，以建立一个可提供自然对冲的内在统一的风险管理框架；同时，为成功实施债务/资产配置，需要具备最基本的国内债务市场和金融中介机构。

各部门之间的协调需要做到：（1）需要在管理主权资产负债的各部门间建立高层次的制度性协调，如信息共享、建立协调委员会、明确授权，最好通过适当的立法形式来实现。（2）在拥有SWFs的国家中，部门之间的协调尤为必要，例如综合考虑公共财政、货币状况和SWF管理，将主权资产组合的对冲成本最小化。（3）当央行为实现货币政策目标（或金融稳定）可以不经立法批准自行发债时，提出相关的制度安排。

（五）主权资产负债管理的方法学

主权资产负债管理的方法学，主要有均值—方差法、在险价值/成本风险（VaR/CaR）法、多元自适应回归样条法、未定权益分析法。在不同的情况下，债务管理人应考虑不同的方法，同时要考虑应急预案来应对债务危机。

在实际操作方面，需要综合考虑资产和负债的流动性，进行不同类型的操作（见表1）。

表1

		主权负债流动性风险	
		低	高
流动性主权资产的可获取性	低	监测流动性风险	进行资产负债操作以降低流动性风险
	高	提供主权资产预期收益	资产负债表的去杠杆化（利用主权资产减少主权负债，如通过回购）

（六）小结

随着外汇储备的不断增长以及主权财富基金的出现，越来越多的国家倾向于在其公共债务管理中考虑采用主权资产负债管理方法。总体来说，主权资产负债管理框架的优势在于。

（1）对主权资产负债表中金融资产和负债的特性进行联合分析（主权资产负债管理），使决策者在制定战略和政策时可以更加全面考虑各风险来源间的相互关系和关联性。

（2）主权资产负债管理框架可以通过资产—负债匹配，更容易寻求出主权资产负债表风险最小化选择方案。

（3）主权资产负债管理框架为主权资产组合的综合性压力测试提供了适当的环境。

在实际操作中，建立一个适当的主权资产负债管理框架的前提是明确主权资产负债管理和宏观经济政策目标，以及假定一个政府资产负债表风险容忍度水平。

公共债务组合中成本与风险的识别及管理

世界银行库务局首席债务管理专家　Lars Jessen

一、债务管理战略

（一）制定债务管理战略的步骤

制定债务管理战略是一个较为复杂的过程。这一过程包含六个步骤。

第一步是对风险管理目标进行明确的定义。首先要清楚地界定债务的范围，比如只包括国内债务还是同时包括国外债务，国内债务只包括中央政府债务还是也包括地方政府债务等。其次要定义债务管理战略的时间跨度，比如要制定的债务管理战略是短期战略、中期战略还是长期战略，最好能够确定具体年限。在此基础上，应该明确定义债务管理目标，为制定债务管理战略提供指引，债务管理目标一般会在相应的法律文件中写明，各国的债务管理目标一般是在考虑风险的情况下最小化债务成本，同时支持本国债券市场的发展。

第二步是风险分析。进行风险分析的前提是识别风险，给风险明确的定义，在此基础上，要运用合适的方法论和模型对风险进行量化，风险模型在债务管理中具有相当的重要性，可以为决策者提供参考。

第三步是政府承担风险的能力分析。政府承担风险的能力可以通过以下三个方面进行考察：（1）通过计算政府的债务水平、债务净值、储备水平和其他金融资产等考察资产负债表的稳健性；（2）考察长期结构性因素，如设定的结构性财政平衡和人口构成状况等；（3）分析财政和金融的灵活性，如政府融资的难易程度、投资者的多元化水平、预算约束水平和其他宏观经济政策等。

第四步是确定风险管理战略。在对成本和风险进行权衡的基础上，对所设定的不同范畴（市场、宏观和会计等）包含的其他约束条件进行相应评估，以此制定符合本国国情的风险管理战略，根据对待风险的不同态度，风险管理战略主要有三类：风险规避型、风险保留型和风险转移型。

第五步是债务管理战略的执行。管理者要决定采用什么样的工具、以何种方式来执行债务管理战略。

第六步是监督及评估。监督和评估在制定债务管理战略的过程中非常重要。执行债务管理战略之后需要监督并评估是否达到了预期的效果，即是否达到债务管理目标，如果没有达到，需要分析是哪里产生了问题。许多国家的中期债务管理战略的跨度是3~5年，但是并不意味着每3~5年才对债务管理战略进行评估，中期债务管理战略是滚动的，这些国家每年都会对战略进行评估，并根据实际情况对战略进行修改。

（二）治理结构和责任

议会或国民大会是立法机构，代表当局制定长期债务管理战略目标，同时它赋予债务/风险管理部门举借债务及交易的权利。债务/风险管理部门在进行分析并向咨询委员会咨询的基础上提出战略方案。部长/内阁负责战略的最后确定并赋予债务/风险管理部门执行战略的职能。债务/风险管理部门还具有报告和监督等职责。（见图1）

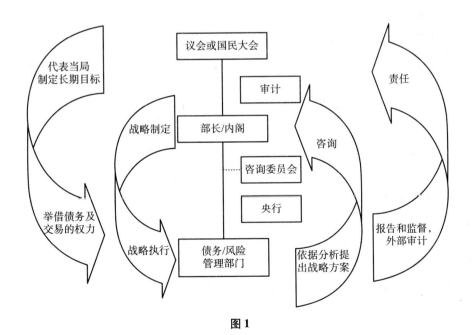

图1

（三） 债务管理战略的功能

债务管理战略具有以下三项功能：（1）可以明确为了实现债务管理目标而采用的方法，体现了主权国家在风险和成本之间进行权衡的偏好，也能够体现预期债务组合的特征；（2）债务管理战略为债务管理者提供操作方向和授权，同时也是政府透明度的体现，债务管理战略的披露可以帮助债务管理者抵御事后批评；（3）有助于债务管理者在进行债务管理的过程中形成纪律性和连贯性。

（四） 债务管理战略的内容

债务管理战略主要包含以下五方面主要内容：（1）债务管理目标、范围和时间跨度，这是债务管理战略的最基本的内容，可以每年进行更新；（2）未偿债务及其风险，和对以往年度战略及其执行情况的评价；（3）债务管理环境，这里需要描述宏观经济、融资需求和市场情况等因素的演变，在此过程中可以采用中期预算支出框架（Medium Term Expenditure Framework，MTEF）和债务可持续性分析（Debt Sustainability Analysis，DSA）等分析方法；（4）搭建风险管理框架并进行风险分析；（5）战略本身，一国的债务管理战略是不断变化的，有两种方法可以用来阐述本国的债务管理战略，第一种是设定比较宽泛的指导方针，如增加国内债务比例、延长国内债务期限等，第二种是设定具体的风险暴露指标区间，如要使债务组合的平均剩余期限在 3 ~ 3.5 年，总之，所设定的条件越少，就越能准确地执行战略。应当指出，债务管理战略应将旨在支持和维护国内市场流动性的措施纳入其中。

（五） 债务管理战略的透明度

债务管理者在制定正式的管理战略文件之后可以将其公布，也可以作为国家机密。

公开债务管理战略有以下好处：（1）如果公众了解战略目标，并看到政府部门做出实现这些目标的可信承诺，债务管理者进行债务管理的效率就会提升；（2）表明债务管理者在承担责任：公共债务组合可能会产生重大风险，公众需要确保其被良好地管理；（3）公布债务举借计划可增强投资者的确定性，同时在长期内降低政府举借债务成本；（4）债务管理者自身利益：公开管理战略可以减少未来受到"事后诸葛亮"式批评的风险。

新兴市场的债务举借者经常面临国内外市场快速变化的挑战，如果管理战略未能得以遵照执行，可能会影响政府声誉。因此新兴市场国家可以先公布较为宽泛的债务管理战略，再逐步进行细化，可行的方法是将管理战略表述为区间或指引。

二、成本、风险、风险计量模型

（一）成本和风险

由于债务管理目标是以成本和风险形式表述的，因此，制定综合性管理战略的首要步骤是明确定义成本和风险。一般来说，成本是每年利息支付加上汇率变动的影响（债务费用），风险是未来成本变化及其对预算的影响。在实践中各国侧重于分析市场风险，其他风险如或有债务、操作风险等，也应加以明确和管理。

债务管理战略的含义表明，需在较长时期内考虑债务偿还成本，因此，仅限于考虑下一个预算周期债务偿还的方法是不合适的。债务管理目标通常着眼于经济成本，因此只着重于会计成本的方法是不充分的。

成本计量可以采用许多指标：名义利率，经未实现资本利得/损失调整的利息成本，实际利息，利息成本占 GDP 比例，利息成本占税收比例，债务率（债务/GDP）等，不同的成本计量方式提供了有关成本的不同信息，在实践中不应仅依赖于一种成本计量方式。

风险是以下变量的函数：（1）基本因素的波动，如利率波动、汇率波动；（2）资产组合风险敞口或对风险因素的敏感度，如固定/浮动利率、资产负债中的货币错配。例如，当成本与中期财政预测及年度预算的期望结果出现背离（即成本上升）时，就会产生风险，在经济衰退时期，公共财政因某些原因吃紧，那么债务组合成本就较高，其风险相对于经济增长时期的债务组合也就较高。

（二）债务管理的风险模型

1. 风险模型概述

模型是对复杂系统的一个简化表述，是对所分析问题提出见解。风险模型为定性分析提供补充，被债务管理者广泛运用于为决策提供意见建议，以及更好地理解成本和风险之间此消彼长的关系。模型应只包含解答特定问题所需的要素，在模型中增加额外的细节会大幅增加模型的复杂性。

运用风险模型要解决的问题是在中长期内，在考虑风险的情况下，将成本最小化。风险模型需定义成本、风险、时间跨度和债务管理战略的范围（如是否包含或有负债）。

风险模型主要有两种类型：第一种是确定性模型（情景分析法），这种模型的特点是已知输入变量非常少，得到的结果是确定的，而不是不同结果的概率；第二种是随机模型，这种模型的特点是某些或全部输入变量和结果为随机变量，是根据特定的概率分布以多个数值形式呈现。随机模型会产生一个具有不同发生概率的可能事件的区间，即所说的风险。随机模型能够对战略实施的效果进行评估，根据情景分布对战略实施效果进行概括。

2. 风险模型的优势及相关思考

运用风险模型可以为制定管理战略提供支持：（1）能够使债务管理者更深刻了解债务管理过程；（2）通过明确成本和风险定义、明确宏观框架、明确制约因素、明确时间跨度，能够促使债务管理者在债务管理过程中形成纪律，增强债务管理的有效性；（3）在同其他可选择战略进行对比时，可确保公正诚信；（4）可以确定战略目标，例如，平均剩余期限目标区间或平均利率重置时间目标区间。

在长期的实践中对模型产生了以下思考：（1）模型的使用能够为形成合理判断提供依据，能使我们更深刻地理解影响成本和风险的因素，但是模型有一定的局限性，债务管理者应该认识到模型的局限性；（2）债务管理者应该使用有限资源建立模型，为制定债务管理战略提供参考；（3）模型的建设是一项长期的工作，需要债务管理者在实际工作中不断完善。

3. 中期债务管理战略（MTDS）框架及应用

MTDS 是世界银行和国际货币基金组织（IMF）借鉴各国政府债务管理的经验，开发建立的一套系统性框架，该框架可以辅助各国制定有效的中期债务管理战略。该框架的核心思想为：政府债务管理战略制定时，要明确相关的债务成本与风险，协调好其与财政政策、货币政策之间的关系，其目标为不仅要保持政府债务的可持续性，并且也要考虑到其对本国债券市场发展的促进性。

运用 MTDS 框架制定中期债务管理战略主要包含以下八个步骤。

步骤一：明确政府债务管理战略的目标以及所涵盖的范围；

步骤二：分析当前政府债务的结构以及成本与风险，重点是债务风险中的利率风险、汇率风险和再融资风险；

步骤三：分析潜在的融资渠道，包括每种融资渠道的成本和风险等特点；

步骤四：分析制定政府债务管理战略面临的宏观经济环境以及市场环境等因素；

步骤五：检验关键的结构性因素；

步骤六：输入相关的金融变量，构造现金流模型，使用情景分析法评估每种政府债务管理战略的成本和风险；

步骤七：分析财政政策、货币政策以及市场环境等宏观因素对备选的政府债务管理战略的影响；

步骤八：对备选的战略提出建议，制定最终的政府债务管理战略。

以上只是 MTDS 框架的一般顺序，在实际运用中，这八个步骤的实施顺序不是确定的，既可以几个步骤同时进行，也可以按照其他的顺序实施。

MTDS 分析框架中运用的模型属于确定性模型，是较为简单的风险模型，该模型的运行流程（见图 2）。

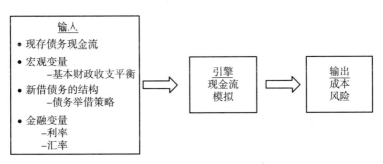

图 2　MTDS 模型的运行流程

MTDS 分析工具将现金流作为以下变量的函数：（1）现存债务现金流；（2）宏观变量，即基础财政收支平衡；（3）新借债务的结构，以及债务举借策略；（4）金融变量，如利率和汇率等。通过计算引擎的计算，可以输出每种债务管理战略的成本和风险指标值。

4. 各国的实践与面临的挑战

土耳其内部开发确定性模型和随机模型，均用于为财政部例会提供意见。丹麦内部开发确定性模型和随机模型，主要依靠确定性模型为决策提供意见。瑞典对一系列不同的模型建立方法进行实验——计划制定出宏观—债务一体化模型。加拿大自 2002 年起开展雄心勃勃的模型建立项目，该项目着重于确立最优债务结构。

在建立成本—风险模型的过程中，各国面临相同的挑战：（1）虽然模型所涉及的概念都较为简单，但都需要大量详细的说明和定义；（2）模型对数据质量的要求较高，许多国家都缺乏完整和高质量的数据，无法有效地为模型的运行提供支持；（3）对于市场变量的预测难度较高，如果没有历史数据或历史数据有限，就很难对利率等因素进行预测，预测的准确性不会很高；（4）对于宏观经济的预测难度较高；（5）许多国家因为缺乏相关资源或技术水平不高而在建立模型的过程中遇到困难。

（三）小结

综上所述，债务管理战略是为达到管理目标制定的计划，是健全的债务管理的核心所在。风险模型可以对成本和风险进行定量分析，同时可以为决策者制定管理战略提供分析基础。基础较为薄弱的国家在制定债务管理战略时可以先从MTDS分析工具开始着手。

第四部分

债券投资组合管理与风险管理的做法

利率市场化下如何优化投资组合管理

中国建设银行金融市场部副总经理　张　铮

党的十八届三中全会通过的《中共中央关于全面深化改革若干重大问题的决定》已明确"加快推进利率市场化，健全反映市场供求关系的国债收益率曲线"。2012～2013 年我国已逐步取消贷款利率管制；2015 年 5 月存款利率上浮上限扩大至 1.5 倍；2015 年 6 月中央银行正式决定推出大额存单，可以说中国离利率市场化的完成仅剩最后一步——取消存款利率上限管制。利率市场化对银行经营管理尤其是银行资产组合管理的影响是多方面的。

一、利率市场化对投资组合管理的影响

（一）对商业银行负债结构的影响

利率市场化促使银行负债结构出现变化，美国利率市场化期间，银行机构存款占负债的比例从 1980 年的 85% 下降到 1986 年的 79%。我国银行机构也出现了负债结构的调整，存款占比逐步降低，债券、同业存单等主动性负债增加，2012～2014 年，中国工商银行、中国农业银行、中国银行、中国建设银行四家银行的存款占负债比重平均值由 84% 逐年降低至 82%（见图 1），部分股份制银行该占比下降幅度更大，中信银行、招商银行、兴业银行三家银行该占比分别下降了 8%、4%、4%。由于存款有利息低、稳定性强的特点，因此，负债结构的变化导致了负债成本上升，再加之利率市场化初期存款成本被直接推高，近年来商业银行计息负债成本率呈上升趋势，股份制银行更为明显（见图 2）。

（二）对投资组合风险偏好的影响

资金成本的上升压力，会对机构投资者的投资提出更高的收益率要求，投资者风险偏好趋于上升。从美国、日本、韩国三国利率市场化前后机构资产配置的变化看，利率市场化初期，商业银行、保险公司、养老金等机构投资者对信用

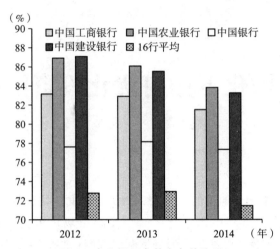

图 1　商业银行存款占负债比重

资料来源：Wind，中国建设银行。

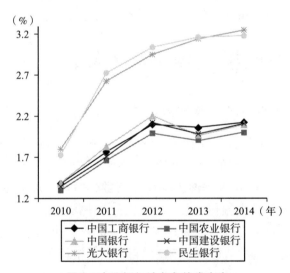

图 2　商业银行计息负债成本率

债、股票等高收益资产的风险偏好上升，对利率债品种的需求降低。利率市场化过程中，我国银行投资组合管理变化主要表现为三点：第一，信用债券占比提高，四大行信用债平均占比由 2010 年的 17.5% 上升至 25.8%（见图 3）；第二，利率风险上升，一方面市场波动加剧，另一方面长期债券占比上升使得组合久期拉长，组合波动性增强；第三，流动性风险上升，2013 年 6 月银行间市场流动性紧张为商业银行流动性风险管理敲响警钟，6 月 20 日隔夜回购加权平均利率冲高至 11.74%。

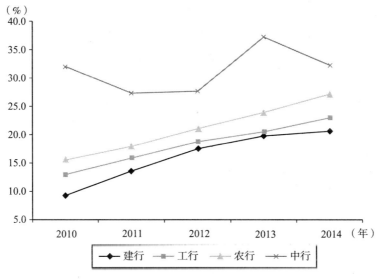

图3　商业银行信用债券占比

资料来源：上市公司年报，中国建设银行。

二、利率市场化下投资组合管理的发展趋势

（一）投资组合管理应以净息差管理为主要目标

投资组合管理由单独看资产方，变为也要兼顾负债，以净息差管理为主要目标。净息差是银行净利息收入与生息资产的比值，净息差水平直接影响银行的收益水平。由于利率市场化下，银行依靠稳定息差获利的经营模式被打破，资产和负债的波动性均增强，因此投资组合管理应以净息差管理为主要目标。银行可通过合理调整生息资产和计息负债的规模、结构，提高资产负债定价能力来进行净息差管理，通过净息差来指导投资活动。

（二）在投资机构内部统一的风险偏好下做好利率风险把控

利率市场化使得市场利率的波动性增强，对于投资组合来说，利率风险管理尤为重要，利用量化模型进行利率风险管理将成为投资组合管理的重要内容。国外银行会针对不同的利率走势情景，确定长期、短期的净利息收入最大波幅，以此界定为银行对利率风险的容忍限额，并以此来指导投资活动。利率风险管理通常包括如下流程。

一是对利率风险环境进行界定：包括对引起利率变化的市场和经济环境进行

分析，重点分析收益率曲线、利差、住房、就业、GDP、通胀等指标；对利率长、短期走势进行预判；并考虑突发性事件对利率走势的冲击。

二是建立现金流模型：在对资产负债表现金流静态分析基础上，还应从提前偿还等方面对现金流影响进行动态分析，对未来的再投资、再融资进行现金流分析。

三是评估资本约束，投资决策应认真评估资本的风险回报水平及对损益表的影响。

四是对投资目标进行界定：投资组合的经营目标不是单一的，需要平衡好风险与收益的关系，并考虑资本约束。在收益方面需要综合考虑净利息收入、价差收入、资本比率等，在风险指标选取上应选择合适的风险监控指标，如对投资账户采用收益敏感性指标，交易账户采用 CVaR 指标①。

五是实施投资策略并进行具体操作。

（三）做好发行体和交易对手的信用风险管理

目前，国内市场企业的直接融资比重较低，信用市场仍有待进一步发展，银行难以有效地管理和驾驭债券市场的信用风险。但随着利率市场化和"脱媒化"的进行，信用债占我国银行债券投资组合比重增加，信用风险管理日益重要。投资部门应加强信用风险研究，建立信用分析师队伍定期开展行业与企业调研，提高信用风险的分析、预警和投资后续的跟踪和评估。同时建议在银行内部成立针对投资部门的专门信用风险管理机构，通过量化模型对单只债券及投资组合的信用风险进行独立评估，投资部门对发行体额度的使用、申请及监控均可通过该机构完成。

在美国金融危机中，交易对手违约曾给金融机构带来了巨大损失，随着我国利率波动性增加，交易对手的风险管控也应加强。国外银行除采用抵押品管理等手段外，还尽可能使用信用违约调期等衍生交易，以防范经济处于低谷或市场剧烈波动时交易对手的违约风险。

（四）更多运用衍生工具来管理投资组合

国债期货等金融衍生工具的发展，为商业银行防范和化解利率风险提供了新的方式，国际经验表明，美国和日本在实施利率市场化之前，均已推出了利率期

---

① 条件 VaR，也称预期损失 Expected Shortfall。与 VaR（即风险价值是指在给定的置信水平下，市场风险要素发生变化时可能对某项资金头寸、资产组合或机构造成的潜在损失。其广泛适用于债券、股票、外汇、贵金属等金融资产。对债券组合而言，VaR 反映组合利率风险水平）对应某给定置信度下该点价值不同，CVaR 是在给定置信度下损失的期望值，更为审慎地衡量了肥尾效应。

货和利率期权等衍生品工具，有助于市场参与者有效化解利率市场化带来的市场风险。国际先进同业通常采用较为成熟的、简单的衍生品工具来进行组合管理，如利用利率互换、利率基差互换（Basis Swap）、利率期权、利率期货和远期利率协议等来管理利率风险。

三、优化投资绩效考核体系，应对组合管理新趋势

如上所述，利率市场化使得投资组合资产负债波动性加大、风险管理难度增加，而利率市场化也使得银行经营风险上升，监管层对银行资本约束增加。因此，未来投资组合管理应该由单独看资产方，变为兼顾负债、兼顾风险、兼顾资本。债券投资业务应该合理计量风险与所需资本，以风险调整后的收益评价指标为投资决策做指导，实现风险、收益、资本的平衡，实现组合收益最大化。

（一）基于 EVA 与 RAROC 的投资绩效评价体系

传统业绩评价方法注重边际财务贡献，但实际上某项业务会计利润为正并不能保证真正创造价值，因此科学的收益评价体系必须将风险和资本包含在内。基于 EVA 和 RAROC 的风险调整后评价体系恰恰克服了以上不足。通过引入经济资本概念，将银行的风险控制和价值创造紧密联系在一起，衡量债券投资业务对银行经济利润和价值创造的贡献度。EVA 和 RAROC 两个核心指标兼顾单位资金的经济利润和单位资本的使用效率，分别从绝对价值量和相对价值量的角度刻画了债券投资业务的风险收益情况。

1. 经济增加值 EVA（Economic Value Added）

经济增加值 EVA 指税后利润减去全部经济资本成本后的剩余收入。基本表达式为 EVA = 税后净营运收益 − 预期损失 − 经济资本成本。其中，税后净营运收益 =（外部收益 − 资金成本）×（1 − 税率）。经济资本覆盖非预期损失，反映非极端情况下，预期损失之外的风险，直接反映股东价值增值状态。

2. 风险调整后资本回报 RAROC（Risk Adjusted Return on Capital）

风险调整后资本回报 RAROC 指业务单元的经济资本回报率。基本表达式为 RAROC =（税后净营运收益 − 预期损失）/ 经济资本。RAROC 在不同的部门和业务之间，提供了衡量收益的统一标准。

3. 经济资本

经济资本是计算 EVA 和 RAROC 的一个关键指标，它是一种用于计量风险的虚拟资本，与监管资本和账面资本有所不同，经济资本被定义为在一个给定的置

信度下，根据其内部评级模型和方法计算出来的用以应对银行非预期损失的资本，也是银行自身根据其风险量化、风险管理能力认定的应该拥有的资本。

银行账户债券投资的经济资本包括信用风险经济资本、利率风险经济资本和操作风险经济资本。

（1）信用风险经济资本。信用债券经济资本测算基于发行体的违约率、违约损失率和违约风险暴露等，假设资产组合损失服从一定分布，通过内部模型计算该项业务的经济资本占用。

（2）利率风险经济资本。综合考虑了全行银行账户存款、贷款、债券资产等全行利率敏感性资产负债整体上对利率波动的经济价值变化。具体测算方法是模拟多次利率变化，计算相应的股权经济价值变化，并得出股权经济价值变化的分布情况，从而得出对应一定置信水平下所需的经济资本。

（3）操作风险经济资本。根据《商业银行资本管理办法》规定的标准法进行计量，即总收入乘以相应的操作风险损失经验值系数。

传统的着眼于会计利润的业绩评价方法无法确保资本总是投入能够创造最大股东价值的业务。而经济资本则能够有效地将风险控制和价值创造连接在一起，它不仅可以衡量银行整体的风险，而且可以深入到业务单元层次，在业务计划与绩效评价层面发挥指导作用，促进资源的优化配置。

（二）最优投资区域

EVA 和 RAROC 均将收益与风险相联系，两者既有共性又有个性，单独使用均有其局限，必须相互补充和配合使用。基于经济增加值（EVA）和经风险调整的资本收益率（RAROC）构建的投资绩效评价体系，兼顾单位资金的经济利润和单位资本的使用效率，可以更为科学合理地制定债券投资决策。

资金与经济资本均属稀缺资源，银行必须从众多业务中进行筛选和组合。根据某项业务单位资金和单位经济资本的 EVA 和 RAROC 大小，可以将其归入以下四个区域之一（见表1）。

表1　　　　　　　　　EVA 和 RAROC 双指标下投资价值的划分

单位资本 ＼ 单位资金	EVA 小	EVA 大
RAROC 小	最劣	资金效率较高
RAROC 大	资本效率较高	最优

资料来源：中国建设银行。

　　EVA 和 RAROC 都大的品种是最优的投资选择，EVA 和 RAROC 都小的品种则可以避免投资；而对其他两种情况，如果仅参照 RAROC 准则可能造成有限资金资源的浪费，仅参照 EVA 准则会牺牲资本回报率，可以分别设置单位资金 EVA 和单位资本 RAROC 的参考标准，两者均达到较优水平的债券可以优先安排投资（见图4）。

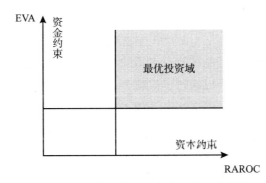

图4　对业务单元投入资本的最优投资区域

资料来源：Wind，中国建设银行。

　　通过上述评价体系，可以从资金约束与资本约束两个方面，综合分析每一笔投资业务的经济利润及经济资本回报率，并根据其价值区间合理安排投资优先顺序，有利于优化经济资本的运用效率，提高债券投资决策的精细化和科学化水平，最终实现债券投资业务整体价值最大化。

对债券组合管理的几点思考

中国银行法兰克福分行行长助理　汪　宁

近年来，国内债券市场品种日益丰富、参与主体不断增加，随着市场的迅速发展，债券投资已逐渐成为以银行、保险公司为代表的机构投资者资产管理的重要组成部分。结合多年债券投资组合管理工作实践，笔者对债券组合管理提出以下几方面的思考，与大家共同探讨：

一、明确的投资目标与业绩评估是组合管理取得良好业绩的基础

任何业务都要有目标，投资更是如此。明确的投资目标与业绩评估的合理性是债券投资取得良好业绩的基础。类似于"在同等风险条件下收益最大化，或者在同等收益下风险最小化"之类的叙述永远正确但却难以衡量，从而失去作为组合管理目标的意义。当然，其在日常交易时还是有一定意义的。

投资组合管理是一个连续的过程，但在我们日常的管理过程中，业绩评估或者绩效考核通常是分阶段进行的，那么我们经常会遇到一个尴尬的现象就是：往往市场利率高时，是最应该加大投资力度的时候，但通常，在这个时间，组合估值压力巨大，名义业绩欠佳，同时，可用资源下降，从而制约了组合管理者加大投资的可能性；而当利率低企，长期看最不利的投资时点上，组合估盈明显，名义业绩突出，与此同时，资金运用压力反而加大，反过来会迫使投资经理被动地加大投资。

市场上不同类型的债券投资者的投资目的有明显差异，选择不当会影响债券投资效果。因此，设定一个更加适合机构自身特点的投资目标，对于投资组合的经营管理至关重要。

对于机构投资者而言，一定要以机构特征和市场情况为基础，综合考虑收益（通常包括绝对收益、成本、超额收益等）、风险、现金流匹配以及指数等多个因素，设定明确的投资目标，并且与业绩评价密切挂钩。特别需要提醒的是，设置过高的投资目标恐怕并不利于组合的长期健康管理，因为过高的投资目标可能导

致投资经理承担过多的风险去追逐超额收益，即使当年取得较高的投资回报但未来仍可能面临较大的风险损失。过高的投资目标也可能迫使投资经理采取杀鸡取卵式急功近利的经营行为，从而使得债券组合的长期回报堪忧。

市场上常见的目标通常可分为：完全市场挂钩的目标和只注重绝对收益的目标。二者各有利弊：完全市场挂钩的目标，可能导致过分看重市场相对排名而忽视绝对收益，基金公司一般会选取市场排名作为基金经理业绩评价的标准；只注重绝对收益的目标，对于市场本身波动产生的大小年问题很难避免，单纯看某一两年业绩，恐怕很难真正辨别出优秀与普遍投资经理，但达到某种绝对收益水平对于有负债匹配的投资者来说，意义重大。

组合经理的业绩评估应当与投资目标相一致，特别需要强调的是，投资管理是一个持续不断的过程，衡量和评价投资业绩并非投资管理的最后一步，需要根据投资反馈，在实践中不断摸索和完善适合本机构特点的投资目标和业绩评估机制，为债券组合的长期健康发展奠定坚实基础。

二、要根据市场特点和投资经理能力选择适合的组合管理策略

在实践中，到底应该选择积极的组合管理策略还是消极的组合管理策略，是每个机构组合管理者应当认真思考的问题。笔者建议根据市场特点和投资经理能力选择相应的组合管理策略。事实上，积极的投资经理并不必然比消极的投资经理业绩好。从更长的历史时期来看，消极策略的投资回报反而通常高于积极投资策略者。

所有的投资决策都是基于对市场的观点产生的。投资经理在基本面与技术分析基础上，综合市场气氛等各方因素，对市场中短期走势进行判断，并结合投资指引和组合情况，在授权范围内，对组合进行动态主动管理。但在积极管理模式下，投资经理个人对市场的判断把握能力很大程度上决定了其经营业绩，当然，频繁的交易产生的交易费用，也会在一定程度上影响其最终经营成果。

经过多年实践，笔者也从最初的只欣赏积极管理，逐步过渡到更加偏好相对消极的组合管理策略。消极管理主要有以下两种：

一是免疫策略，即通过将资产负债期限进行适当搭配，来消除债券组合的利率风险。作为机构投资者，笔者更喜欢根据机构本身的负债结构或者资产负债缺口，充分考虑机构现金流匹配、收益覆盖、时间匹配等因素，与相应的负债相匹配、与机构整体资产负债管理相结合的免疫管理模式。

二是基金管理公司通常采用的指数化策略，即为了消除债券的个别风险，构造债券组合以使其业绩与市场上的某种债券指数的业绩保持一致，通过承担市场平均风险来获得市场平均收益。指数化策略经营的核心在于指数的选取，投资经理能够发挥的主动性有限。当然，如果授权投资经理可以与指数有较大偏差的情况除外。

一般来说，当投资经理经验丰富、市场趋势相对明朗时，选择积极的组合管理策略胜算更大；反之，若投资经理经验有限，或者市场波动性大、趋势不明朗时，消极的组合管理策略可能更为适合。

三、上下充分论证再形成投资决策并严格执行是组合成功的保障

进行债券组合配置，必须要上下结合。笔者认为，基于宏观基本面、资金面分析，结合财务指标、风险限额、市场趋势等，先自上而下地确定组合各资产品种比重和久期、评级、行业等配置要求，明确投资限制与杠杆、现金流等，再选择个券，是比较好的组合投资决策机制。但是，再英明的决策，都需要落实、实施。任何情况下，投资经理对投资决策的执行都是至关重要的。充分发挥投资经理的能动性，在实践中发掘到更有价值的个券，发现相对价值投资机会，对于组合的经营也是非常重要的。

实践中，投资经理与决策者的市场观点不同的情况经常发生，如何避免由此产生的投资经理消极执行相关投资决策的行为是管理中的难点和要点。

首先，让投资经理深入参与到投资决策过程中。所有投资决策前尽可能多地听取各投资经理的市场判断逻辑与操作建议，全面深入讨论，最后再形成投资决策。这既有利于投资经理充分参与并认可决策结果，又有利于科学决策，避免或者尽可能降低决策失误的概率。

其次，要有严明的执行纪律，即决策一旦形成，投资经理必须积极执行，尽早完成，绝不允许消极怠工。

最后，关注过程管理，及时纠偏。在决策执行过程中，实时监督执行情况和市场变化，及时发现问题，随时调整。定期对投资决策和执行结果进行事后回顾与分析，找出不足与亮点，为今后决策与执行提供经验参考。

四、市场估值是否运用范围过广

虽然长期从事金融市场投资、交易等相关工作，但笔者始终对目前市场估值

的过度运用不甚认可。债券估值的问题比较复杂并且具有多面性。对投资组合来说，市场估值更大意义上体现的是一种机会成本的概念，而非经营业绩，尤其是受制于会计分类约束下的投资组合。因此，对于债券投资组合来说，市场估值是否应用范围过广是个值得推敲的问题。

对银行等机构投资者来说，债券投资组合是其资产负债的重要组成部分，债券投资组合整体或者其中部分通常会与机构的负债或利率缺口相匹配。那么，在其他资产负债都无市场估值或者无须进行估值的背景下，单独对机构债券组合进行估值的科学性和必要性尤其有待商榷。

特别是在不同会计分类下，组合经营行为都受到不同程度的约束，从而使得债券组合在二级市场的可操作性进一步降低，估值的实际意义进一步下降，反而成为影响机构经营业绩评估的一个负面因素。

此外，因由不同的会计核算，可能导致同样经营行为在会计报表上的业绩差异和波动性，从而在债券组合持续期间，进一步放大了金融市场波动性对机构经营业绩的影响。

笔者认为，对于与机构其他资产负债利率缺口对应的投资，或者免疫管理的债券投资，应当豁免估值；对拟持有至到期的衍生品交易亦应当免于估值，最多将估值结果列示即可，从而避免由于其估值波动对机构经营业绩的不必要影响。

五、必须尽可能减少会计制度对经营的干扰

目前国际会计准则允许把债券类资产分为四类，即持有至到期 HTM、可供出售 AFS、公允价值 FTPL、贷款及应收款 L&R。

除了免疫管理下的债券与负债匹配模式外，机构在不同市场环境、不同经营环境下债券投资的目的，不可避免地可能会发生变化，而受制于目前会计分类管理的约束，债券一旦买入，其持有目的通常不能变更，这与我们日常工作生活中的常识相悖。

拿我们每个人都会面临的买房问题来做个类比吧。某人，在 20 世纪 90 年代购置了一套 80 平方米的住房，以当时的经济条件和市场环境，他认为是会一直住下去的，也就是，原始购入目的为持有至到期。但历史的车轮到了 21 世纪，社会条件不断改善，他的收入有了大幅提高，这时候，他必然会有换一套更大房子的需求，也就是原本打算持有至到期的资产，反而要进行出售（变成了可供出售类），谁也不能说，他当初不是真的想持有至到期，但随着时间的推移，自身条

件和市场环境的变化，他改变当初的持有意图绝对是合理而且符合现实情况的。

债券的持有情况与此类似，强制性地要求机构交易之初就确定交易目的和意图固然可以理解，但经过一段时间后，应当适当放宽相关限制，允许其变更持有意图，尽可能减少会计制度对企业经营行为的干扰。

六、会计准则的改革必须去衍生化

随着金融市场的不断发展，产品日益丰富。但近年来，为了应对金融市场的变化，会计制度也不断推陈出新，日益复杂化，甚至许多专业的会计人员也要反复学习才能领会新会计制度的实质。会计制度越来越复杂，甚至是衍生化，对金融市场发展和风险管理带来了巨大的潜在风险。

"大道至简"，笔者认为，会计准则不断复杂化的趋势必须尽快得到遏制，社会各界都应当呼吁会计准则的去衍生化，防止会计制度日益复杂化，以期使会计能够尽快回归到核算和监督的基本职能，为金融市场的发展奠定良好的会计制度基础。

北京银行债券账户风险管理探索实践

北京银行资金运营中心副总经理　刘素勤

过去 10 年，随着资本市场、货币市场的发展和利率市场化进程的推进，我国债券市场驶入发展的快车道。10 年间，债券市场余额以年均 19.7% 的速度实现了跨越式发展。2014 年末，我国债券市场余额为 35.99 万亿元，是 2004 年年末余额的近 6 倍。我国债券市场逐渐形成了以银行间债券市场为主、交易所债券市场和柜台市场为辅的格局，完成了从无到有，从小到大的历史性嬗变。

在债券市场日益繁荣的同时，商业银行债券业务规模也实现了快速增长。作为银行间债券市场的主力军，近年来商业银行参与的银行间市场现券交易占比约在 60% ~70%，商业银行债券投资业务也实现了跨越式发展，成为银行新的利润增长点。风险与收益并存，如何在开展债券业务的同时，提高债券收益水平、降低债券业务风险是摆在北京银行面前的重要问题。

一、商业银行债券业务风险分析

在中国经济进入新常态的背景下，宏观经济对银行资产增长的支撑作用减弱。伴随着利率市场化改革的不断推进，银行依靠净息差的传统盈利模式受到挑战。在银行信贷投放受到限制的情况下，债券业务成为银行资金配置的重要渠道。债券业务作为商业银行的资产业务，主要涉及信用风险、市场风险、流动性风险、操作风险等，对银行资金的安全性、盈利性、流动性影响较大。

以信用风险为例，商业银行债券业务主要投资和交易的对象为利率债和信用债，面临发行人的违约风险。其中，利率债有政府信用做担保，信用风险很低；信用债依靠企业的信誉而发行，信用风险相对较高。特别是近年来，我国经济增长持续放缓，行业需求不足和行业产能过剩的局面并存，企业经营困难加大。在此背景下，我国信用债主体评级下调事件屡有发生，信用风险明显加大。

以市场风险为例，商业银行债券业务面临的主要市场风险为利率风险。利率波动是一把双刃剑，使得商业银行债券投资交易业务机遇与风险并存。在利率市场化进程持续推进的背景下，利率的波动更加频繁剧烈，商业银行债券账户利率风险明显上升，以交易为目的交易账户受到利率波动的影响更加突出。

以流动性风险为例，商业银行债券业务流动性风险主要体现在由于市场交易不活跃而使得商业银行无法按照合理的公允价值进行交易而导致损失的风险。通俗地说，商业银行购买了流动性较差的债券会面临在短期内无法以合理的价格将其出售，从而可能遭受损失或丧失新的投资机会的风险。以企业债为例，企业债在交易所上市交易后，由于企业经营不善导致其发行的债券评级下调甚至被交易所暂停交易均会使得投资者面临流动性风险。

以操作风险为例，操作风险存在于银行的各个业务中，债券业务也不例外。无论是在一级市场投标，还是双边报价、柜台交易报价、债券分账户等，操作风险管理贯穿于债券投资交易业务的全过程。尽管如此，国内商业银行对债券业务的操作风险普遍重视程度不足。

伴随着金融改革的持续推进，以债券市场为依托的金融创新层出不穷，市场环境错综复杂，在此背景下，商业银行在开展业务时不仅仅面临单一的风险类别，各种风险往往相互交织、相互转化、相互影响。例如，发行人信用评级下降导致的信用风险或将引发流动性风险；债券交易人员在债券投资前未按流程对发行人资质进行合理审查，可能会导致银行做出错误的投资决策，进而遭受信用风险。

二、北京银行债券账户风险管理实践——矩阵式风险管理模式

为进一步加强商业银行债券投资管理，银监会于 2009 年 3 月发布了《中国银监会办公厅关于加强商业银行债券投资风险管理的通知》（以下简称《通知》），《通知》明确指出商业银行应合理制定债券投资指引、实行风险分类管理，重点关注高风险债券，并对商业银行债券投资业务的信用风险管理、市场风险管理、流动性风险管理等提出具体要求。

北京银行作为早期的债券市场参与者之一，高度重视债券业务发展，在满足基本监管要求的基础上，对债券账户风险管理方面做了许多努力和尝试。北京银行创新构建了债券账户矩阵式风险管理模式，从横向和纵向双维度开展债券业务风险管理实践。

（一）纵向风险管理——对单一风险的多措施管理

债券业务涉及信用、市场、流动性和操作风险等不同类别，北京银行根据风

险类别的不同特征，在具体操作层面，对债券业务面临的单一风险类别实行多措施管理策略。

1. 全流程跟踪信用风险

北京银行高度关注债券业务信用风险管理。一是建立了投资前分析决策和投资后动态跟踪流程，充分评估债券发行人、交易对手的资信状况。二是对债券业务施行专项授信额度管理和组合限额管理的原则。专项授信额度管理明确了发行主体及最长授信期限，除国债、主权支持债券、央行票据业务外，各类债券均需针对发行主体实施专项授信管理。组合限额管理明确了债券投资的组合限额、单户限额、单次发行限额。三是加强信用风险模型建设。在实施新资本协议的过程中，北京银行不仅建立了债券发行人的内部信用评级模型，而且还要求实现对特定风险和新增风险的内部模型计量。四是加强对信用违约掉期、信用风险缓释凭证、信用风险缓释工具等信用衍生产品的研究，通过信用衍生产品有效管理债券投资组合的信用风险敞口。五是积极参与中央交易对手方清算，降低交易对手信用风险。对于双边清算的交易，北京银行实行对交易对手的准入和主动管理，避免出现极端情况下特定交易对手的清算失败或违约。

2. 精细化管理市场风险

为降低市场风险，北京银行从系统、限额以及组合三个层面进行管理。

一是逐步完善估值系统。在债券业务的实际管理的操作中，根据监管层要求，北京银行将债券的四个会计账户归类为交易账户和银行账户两类，采取不同的方法进行估值。不仅如此，北京银行还投入大量研发费用，逐步完善了资金交易管理系统对浮动利率债券和人民币7天回购利率掉期的估值功能，系统还支持自定义收益率曲线债券估值及采用市场中介估值价格等方式。为确保业务连续性和市场可比性，北京银行在债券入账时采用中债估值优先的做法，而对于市场上估值分歧较大的券别，通过合理模型自行估值。

二是实行限额管理。在充分考虑资本金水平、市场风险偏好等因素基础上，北京银行对债券投资交易业务实行包括监管限额、头寸限额、风险限额以及止损限额在内的市场风险限额结构管理。以在险价值限额管理（VaR Limit）为例，市场风险管理部门采用历史模拟法计算每日交易账户在险价值并向业务部门发送。在临近在险价值限额时，业务部门必须采取有效手段降低交易账户在险价值。

三是积极主动管理投资组合。为实现债券账户风险管理，北京银行根据交易策略在交易组合层面采用利率掉期交易对组合进行套期，积极主动地管理投资组合及交易组合的利率风险基点价值。在财务管理层面，北京积极推动套期会计的发展，以期通过多种衍生工具实现现金流套期、公允价值套期及外汇投资套期等。在风险对冲方面，北京银行部署对国债期货业务的研究和行内系统支持，以期该品种能够成为主动市场风险管理的有效工具。

3. 多角度管理流动性风险

北京银行从融资流动性、交易流动性和组合流动性三个角度对债券账户流动性进行管理。

从融资流动性的角度来看，北京银行根据资产负债委员会对债券账户提出的结构配比要求，在投资债券时通过优先选择中长期限、发行量大的利率债品种，较好地保持了债券账户的融资流动性，同时兼顾了收益性。

从组合流动性的角度来看，北京银行对债券投资进行分组合管理，由于收息、到期、缴款、回购融资等交易行为，导致了对债券组合流动性的管理需求。北京银行在业务系统中管理投资组合的现金流，并根据市场情况合理安排投融资，有效管理债券投资组合的流动性。

从交易流动性的角度来看，交易流动性受到债券发行条款、发行量、信用评级变迁、税收等因素的不同程度影响。实行分账户管理交易流动性，如可将流动性不佳，但具备投资价值的债券分类为贷款及应收类；将中长期的金融债等交易后可能补缴税收的债券分类为持有到期类或可售类；将信用品级展望不稳定的信用债券分类为交易类以利于择机出售等。

4. 系统化控制操作风险

2013 年以前，北京银行通过前台、中台、后台分离及流程化、系统化建设，有效地对债券业务操作风险进行管理。2013 年，债券市场出现数起操作风险案例，中国外汇交易中心在交易系统中禁止撤销已达成交易的规定对交易前操作风险的防范提出了更高的要求。在此背景下，北京银行进一步加强了操作风险管理，考察并计划落实交易前管理方案，避免出现异常报价、异常金额成交，对交易各要素进行系统化检查等。

（二）横向风险管理——制度体系对多重风险的管理

除了对每种风险的具体操作进行管理外，北京银行还通过银行整体风险控制体系和相应的规章制度进行横向风险管理，即制度体系对多重风险的管理。其核心内容包括：

1. 完善债券业务风险管理治理结构

北京银行构建了完整严密、层次分明的风险管理治理结构，董事会确定北京银行整体风险偏好、管理层落实债券业务的各项风险限额、风险管理部负责信用风险及市场风险的日常管理、计划财务部与风险管理部负责债券业务流动性管理、资金运营中心负责债券投资与交易业务的具体操作。

2. 加强制度建设保障债券业务有序开展

针对债券投资与交易业务，北京银行先后制定出台了《市场风险管理程序》、《投资与交易业务公允价值管理程序》、《投资与交易业务市场风险管理程序》、《债券投资与交易业务信用风险管理程序》等相关制度文件，明确债券投资与交易业务市场风险、信用风险管理的治理结构、管理职责、限额设置、监测与报告等各方面内容。同时，北京银行还形成规范的债券投资业务操作流程，形成前中后台严格分离、相互制约、有效衔接的债券投资业务处理流程。

3. 严格执行债券分账户管理原则

分账户管理是银行债券投资与管理的基础。北京银行严格落实财政部新会计准则对金融工具确认与计量的有关要求，结合资金交易管理系统的开发上线，自2007年以来实现了债券投资业务分账户管理。债券投资分类一旦确定，前台不能轻易更改。如因经营需要进行调整，需要会计师事务所确认，资产负债委员会通过，前台、中台、后台各部门分别在系统内完成操作。良好的运行机制确保了分账户管理的严肃性，为后续进行账户风险管理夯实了基础。2014年，北京银行成立司库管理中心，主要负责管理持有到期账户，在机构设置的层面强化了通过专门机构管理账户的思路。

4. 基于限额设定的资源配置机制

对于中小银行来说，资金成本高于大银行，因此债券投资受到信贷资金和流动性要求的约束。北京银行结合全行资产负债情况，合理制定了一个满足风险控制、决策高效的基于限额设定的资源配置机制，即每年针对债券业务设立年度VAR值限额，针对债券交易业务设立止损限额，上报高管层资产负债委员会和董事会风险管理委员会审批后执行。同时，北京银行《债券投资与交易业务信用风险管理程序》指出，投资类债券业务应在总体债券投资额度内，明确各类币种债券、各类发行人债券、各独立发行人债券及单次发行的限额。

除此以外，各类限额、投资规模在实际执行过程中都不是固定不变的，要根据行内资产负债情况、市场变化情况、实际执行中发现的问题进行及时调整。对限额执行情况实时监控和预警，同时，关注宏观经济和债券市场走势、对限额要及时调整，以有效应对流动性环境、市场走势出现的重大变化。

5. 前台、中台、后台分离的债券投资业务监督机制

为更有效地控制债券业务的风险，北京银行金融市场条线建立了风险中心，提出了1.5道防线的风险防控前置思路，增强了风险管理力量。北京银行设立前、中、后一体化的监测和控制流程，实现对资金业务的全面监控。前台业务部门需确保交易合规，中台于交易审批流程中确认各项额度的有效，后台确认前、中台审批和确认的有效性后，进行交易的确认和清算。债券投资业务的市场风险具有实时性，因此必须在交易人员交易的同时，由独立的中台风险人员对风险限额和止损限额等情况进行实时监控或逐日监控。此外，由于资金交易量大，因交易人员或交易系统的操作风险引发的损失也是相当惊人，风险中台的设置同样也可以更好的管理交易人员的操作风险。

三、进一步降低债券业务风险管理的对策建议

债券投资业务是商业银行的一类特殊业务，相比于银行贷款等其他资产具有明显的风险特征。经过多年发展，北京银行已构建了矩阵式风险管理模式。但面对快速发展的债券市场，需密切关注市场动向，不断完善风险管理措施。为进一步降低债券业务风险管理，未来还将在以下几方面做出努力：

一是建立适宜的债券投资决策机制。根据风险限额管理要求、银行自身的风险偏好、资本充足率程度、资金来源等情况，以限额管理为基础，建立债券投资资金的配置机制。强调经济资本的占用和分配制度，合理做好账户配置，实现资本约束条件下的收益最大化。

二是加强计量工具和模型的开发利用。目前大多数商业银行仍以传统的流程审批、限额管理等方法进行债券业务风险管理。但随着业务的发展，通过久期、限额等进行债券账户管理的方式已不能满足风险管理需要。建议未来在风险管理方面，借鉴国外成熟的现代计量方法和管理工具，建立合理风险评价体系。完善压力测试程度，定期对市场情景进行模拟，评估债券业务在市场各种情景下的损失水平，并根据相应结果及时调整限额。建立合理、科学的风险预警系统，对银行债券交易活动进行实时监测，依据风险预警系统提示及时开展风险防范工作。

三是优化内部操作流程。风险管理，制度先行。建议在现有的规章制度基础上，进一步优化内部操作流程，对业务开展过程中可能存在操作风险的环节进行流程改造，完善债券业务授权管理制度、债券投资风险评价办法、风险预警和处理机制方面。

四是加强风险文化建设。培养建立与银行自身风险偏好相适应的风险文化，

提高全员风险意识。加强业务人员培训，提高业务技能和风险管理水平。通过举办债券投资业务培训班、建立银行间货币市场业务定期分析制度等，帮助债券交易员及时了解宏观经济金融形势、掌握市场政策、信息和交易技巧，不断提高操作技能和风险防控水平。

商业银行市场风险管理经验介绍

杭州银行金融市场部副总经理　王晓莉

商业银行从事的经营活动决定了其与风险的天然联系，以资产质量为核心的风险文化是商业银行可持续发展的基础。随着金融交易资产在商业银行资产负债表中占比的增大，商业银行对市场风险的重视程度与管控能力正逐步提升。

一、商业银行市场风险管理近期呈现特点

（一）具有相对独立的市场风险管理组织体系

商业银行的市场风险管理组织结构一般由董事会、高级管理层、总行职能部门和业务经营部门四个层面组成。

董事会承担对市场风险管理实施监控的最终责任，确保公司有效地识别、计量、监测和控制各项业务所承担的各类市场风险。

监事会监督董事会和高级管理层在市场风险管理方面的履职情况。

高级管理层负责制定、定期审查和监督执行年度市场风险管理的政策、程序以及具体的操作规程，及时了解市场风险水平及其管理状况，并确保公司具备足够的人力、物力以及恰当的组织结构、管理信息系统和技术水平来有效地识别、计量、监测和控制各项业务所承担的各类市场风险。

风险管理部负责市场风险具体管理工作，承担资产负债管理委员会和风险管理委员会市场风险监控的日常职能，并向董事会和高级管理层提供独立的市场风险报告，并且具备履行市场风险管理职责所需要的人力、物力资源。

承担市场风险的业务经营部门须充分了解并在业务决策中充分考虑所从事业务中包含的各类市场风险，有效识别、计量和监测本业务经营部门市场风险，以实现经风险调整的收益率最大化。

（二）前台、中台、后台互联互通的市场风险管理系统趋于完善

商业银行越来越重视定量分析，并利用系统提高风险管理质量与效率。不断完善市场行情资讯系统、交易系统及风险管理系统，合理配置岗位和人员。

市场行情资讯系统：商业银行通常选用彭博、路透、万得等资讯系统，多渠道获得全球货币市场、外汇、商品、股票、全国经济指标的实时数据及市场新闻和相关分析资料。

交易及风险管理系统：商业银行普遍采用中国外汇交易中心交易系统作为前台交易系统，同时自主开发或在中后台系统上搭建前台审批系统；中后台风险管理系统则五花八门，以来自国外较为成熟的 OPICS、SUMMIT、SUNGARD、MUREX 等为应用主流系统。

前台、中台、后台系统在市场风险管理中的作用：前台审批系统实现了与市场行情资讯和中国外汇交易中心交易平台的实时连接，自动抓取实时市场价格和成交信息，自动存储成交数据，实现了交易员密码登录、作业权限单独控制、交易事前限额检查等功能；中台业务系统用于风险监控包括限额管理、盯市估值、交易预警、压力测试、情景分析等管理功能；后台业务则支持自动生成台账信息、会计财务信息和管理报表。管理层可在权限范围内通过系统随时查看有关交易数据、风险指标等信息。

由于我国商业银行金融资产投资时间短短十几年，数据的完整性与准确性都无法支撑模型与系统的计量，在系统应用上仍有较大提升空间。

二、商业银行市场风险的计量

商业银行根据会计准则和会计政策将金融资产在初始确认时划分为交易性金融资产、可供出售类金融资产、持有至到期投资、贷款和应收款项等四类。同时按照银监会关于划分银行账户和交易账户的有关要求，将交易类金融资产归入交易账户，将可供出售类金融资产、持有至到期投资、贷款和应收款项归入银行账户。

（1）交易性金融资产，包括交易性金融资产和指定为以公允价值计量且其变动计入当期损益的金融资产，以公允价值计量且其变动计入当期损益。

（2）可供出售类金融资产，是指初始确认时即被指定为可供出售的非衍生金融资产。可供出售类金融资产采用实际利率法，按摊余成本确定其账面价值，其公允价值与账面价值的差额计入资本公积。

（3）持有至到期投资，是指到期日固定、回收金额固定或可确定，且企业有明确意图和能力持有至到期的非衍生金融资产。持有至到期投资采用实际利率法，按摊余成本计量。

（4）贷款和应收款项，是指在活跃市场中没有报价、回收金额固定或可确定的非衍生金融资产。应收款项采用实际利率法，按摊余成本计量。

商业银行一般采用中央国债登记结算有限责任公司和上海清算所编制公布的银行间收益率曲线和评估价格，对交易性和可供出售类债券进行价值评估。在缺乏估价情况下，参考同类债券同期限资产收益率，使用现金流折现法估算公允价格；无市场参照债券的，以其账面余额为准。

三、商业银行市场风险的监测

（一）交易账户和可供出售账户的市场风险监测方法

（1）监测每日账户头寸变动和市场价值变动，对交易性资产和可供出售类资产的头寸按市值每日至少重估一次价值。

（2）每周进行利率敏感性分析，假设其他条件不变，使用每周最后一个交易日的市场价格和收益率进行利率敏感性分析；外币资产达到一定规模时，必须对每周公司交易账户和可供出售账户的外币资产进行汇率敏感性分析。

（3）每月使用情景分析方法进行压力测试，分析重要经济事件对交易性债券资产和可供出售类债券资产的损益变动影响，作为评价公司市场风险的辅助手段。

（二）持有至到期账户、贷款及应收款项的市场风险监测方法

（1）采用敞口分析方法，对每季末公司资产负债账面数据进行分析，分币种观察公司不同期限资产负债的敞口头寸。

（2）定期进行利率、汇率敏感性缺口分析，计算利率大幅波动对公司资产负债组合的影响程度。利率风险分析时使用季末的账面余额、假设当前利率水平增加或减少50、100、200个基点对公司净利息收入的影响和对公司净值的影响；外汇资产达到一定规模时，选择合理的假设条件进行缺口敏感性分析。

（3）对银行账户资产采用久期分析方法，计量利率风险对资产价值的影响，通过控制银行账户资产组合的久期防范利率风险。

四、商业银行市场风险的控制

(一) 交易限额、止损额与集中度的设定

(1) 分级授权，根据不同层级与交易经验的授权人设置不同的交易与审批限额。

(2) 通过董事会风险偏好与经营层年度风险政策，明确不同投资账户、不同产品组合的持仓限额与久期（PVO1）、季度或年度止损预警值与阈值。

(3) 明确投资产品的准入标准、单户集中度、单券集中度，在分散信用风险的同时，避免因信用风险集中而导致的市值波动风险、交易流动性风险。

(二) 利率敏感性缺口管理

利率敏感性缺口是指在一定时期（如距分析日 1 个月或 3 个月）以内将要到期或重新确定利率的资产和负债之间的差额，如果资产大于负债，为正缺口，反之，如果资产小于负债，则为负缺口。当市场利率处于上升通道时，正缺口对商业银行有正面影响，因为资产收益的增长要快于资金成本的增长。若利率处于下降通道，则又为负面影响，负缺口的情况正好与此相反。该方法的难点在于对利率走势的判断（见表 1）。

表1

阶段	目标	途径	具体措施
利率上升周期	扩大正缺口或缩减负缺口	增加利率敏感性资产	增加浮动利率资产缩短资产久期
		减少利率敏感性负债	减少浮动利率负债拉长负债期限
利率下降周期	缩减正缺口或扩大负缺口	减少利率敏感性资产	减少浮动利率资产拉长资产久期
		增加利率敏感性负债	增加浮动利率负债缩短负债期限

(三) 持续期缺口管理

持续期是指某项资产或负债的所有预期现金流量的加权平均时间，也就是指某种资产或负债的平均有效期限。持续期缺口 = 资产持续期 − 负债持续期

一般来说，当持续期缺口为正，银行净值价格随着利率上升而下降，随利率下降而上升；当持续期缺口为负，银行净值价值随市场利率升降而反方向变动；

当持续期缺口 = 0 时，银行净值价值免遭利率波动的影响（见表 2）。

表 2

账户类型	利率	净值
正缺口	上升	减
	下降	增
负缺口	上升	增
	下降	减
零缺口	上升	不变
	下降	不变

（四）衍生品对冲

1. 衍生品对冲利率风险的基本思路

预期未来利率下降，将浮息资产转换成固息资产，或将固息负债转换成浮息负债；预期未来利率上升，将固息资产转换成浮息资产，或将浮息负债转换成固息负债。

2. 负债的利率风险管理

短期负债：拆入、正回购、同业存单、同业借款等，可用工具：回购利率互换、隔夜指数掉期和 3 个月期 SHIBOR 利率互换。长期负债：保险协议存款、发行的次级债和金融债，可用工具：根据融资采用的利率方式及经济货币周期可以将固定利率换成浮动利率，或者浮动利率换成固定利率。

3. 资产的利率风险管理

短期资产利率风险管理：货币市场类资产（逆回购、拆出、存放同业、短期国债）等，采用利率互换进行管理，包括回购、3 个月期 Shibor、隔夜 Shibor 的利率互换。贷款利率风险的管理：采用 LPR 利率互换、贷款利率互换进行管理，其中贷款利率互换可用定期存款利率互换替代。

债券投资业务风险管理与展望

汇丰银行（中国）环球资本市场总经理　宋跃升

一、国债投资业务风险管理

（一）市场风险

由于投资本币国债的市场风险主要来源于利率风险，国债投资市场风险的定义是：当市场利率波动时（波动方向与所持有的国债利率风险头寸相反）导致所持有国债头寸市值重估的潜在亏损。其衡量和控制工具为单基点现值（DV01）以及风险在险值（VaR）。

风险控制的三个主要考量点为。

（1）所持有国债的总体利率风险和各个久期的利率风险头寸是否在风险可承受范围（Risk Tolerance Level）内？

（2）是否存在风险对冲工具以管理国债产生的利率风险？

（3）如果存在，该对冲工具是否经济有效？

为衡量风险对冲工具是否经济有效，我们首先通过市场深度、交易活跃度、买卖差价（bid-offer spread）以及交易成本衡量工具的经济性。表1从不同方面对两种对冲工具的经济性进行了对比。

表1 利率互换合约以及国债期货的经济性对比

考量点	7天回购利率互换合约	3个月 Shibor 利率互换合约	国债期货
市场成交量 （2013.3 ~ 2014.2）	年成交量：1.8万亿元人民币（2万笔） 日均成交量：75亿元人民币（80笔）	年成交量：0.32万亿元人民币（0.36万笔） 日均成交量：12亿元人民币（14笔）	2013年9月6日（上市）~ 2014年2月28日 总成交量：0.38万亿元人民币 日均成交量：33亿元人民币

续表

考量点	7 天回购利率互换合约	3 个月 Shibor 利率互换合约	国债期货
市场单笔成交	0.5 亿 ~1 亿元人民币	0.5 亿 ~1 亿元人民币	标准合约名义本金：100 万元人民币（每手）
成交活跃期限	1 年、5 年	1 ~2 年	合约月份是最近三个季月 目前市场成交量集中于最近季月合约（到期日 <3 个月）
买卖价差	5 ~ 10 bps	10 ~ 15 bps	最优报价（若有）价差为 2 ~ 3bps 但往往缺乏连续有效量报价
交易成本	货币经纪费用、清算费用（7 月 1 日起需在上海清算所清算） 保证金资金成本（margin funding cost）		交易手续费：合约手续费每手 3 元，交割手续费每手 5 元 保证金资金成本（通常合约价值 2%，临近交割月将提高至 4% ~5%）
市场参与者	银行、券商、保险等机构投资者		券商、散户

根据目前市场情况，7 天回购利率互换合约是相对而言更为经济的风险对冲手段。未来随着国债期货市场的扩容，国债期货也有望成为有效的风险对冲工具（见图 1、图 2）。

另外，也可以通过基差风险（basis risk）衡量工具的有效性。基差风险即风险对冲工具（如 IRS）与被保值产品（如国债）之间市场价格波动不同步所带来的风险。两者价格波动相关度越高，则基差风险越低，风险对冲效果越好。基差风险量化衡量指标是取两类产品的单基点现值的绝对值较低的数值为基差风险，举例如表 2 所示。

表 2   基差风险的选取

	单基点现值
被保值产品（如国债）	− 100
风险对冲工具（如 IRS）	30
组合利率风险总头寸	− 70
基差风险	30

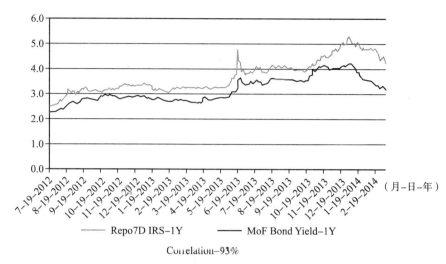

图1 7天回购利率互换合约以及国债期货的有效性对比

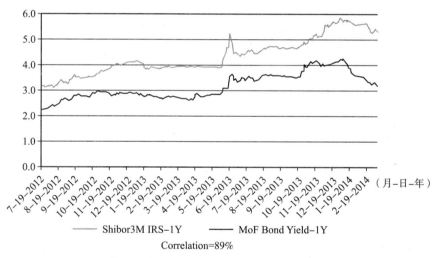

图2 3个月回购利率互换合约以及国债期货的有效性对比

相对而言，7天回购利率互换与国债的基差风险较低，风险对冲效果更佳（见图1、图2）。

（二）流动性风险

国债投资流动性风险的定义是：由于国债市场缺乏深度导致银行无法以市场价格出售头寸，或以此为抵押进行融资，而引致的风险。其衡量和控制工具通过两个层面体现，银行资产负债表管理层面：营运现金流预测（OCP）（国债通常被视为流动性资产 Liquid Asset）；交易管理层面：从国债市场整体层面考虑买卖价差、市场有效成交量。

风险控制主要考量点为以下三点：

（1）银行间市场资金面；

（2）央行流动性管理政策和公开市场操作；

（3）国债市场整体交易量、交易活跃度。

二、信用债投资业务风险管理

信用债投资业务主要风险关注点是市场风险、流动性风险、信用风险和资本风险。

（一）市场风险

信用债投资市场风险的定义是：投资本币信用债的市场风险主要来源于利率风险和信用利差风险，即当市场利率或信用利差波动时（波动方向与所持有的信用债风险头寸相反）导致所持有信用债头寸市值重估的潜在亏损。其衡量和控制工具为单基点现值（DV01）、风险在险值（VaR）、信用风险单基点现值（CS01，credit delta）。

风险控制的四个主要考量点为（表3、表4、图3、图4、图5关注信用利差风险，利率风险详见国债业务）：

（1）所持有信用债的总体信用利差风险和各个久期的信用利差头寸是否在风险可承受额度内。

（2）信用债评级、发行人资质、行业和评级、历史债券发行状况、市场存量、二级市场表现。

（3）信用利差的波动率和影响因素，未来信用风险重定价的可能性（如超日债）。

（4）是否存在风险对冲工具以管理信用债产生的信用利差风险（境内尚缺乏有效管理工具）。

表3　　　　　　　　　　　　　金融债信用利差

期限（年）	国债（%）	金融债（%）	信用利差（基点）
1	3.00	4.65	165
2	3.45	5.10	165

续表

期限（年）	国债（%）	金融债（%）	信用利差（基点）
3	3.70	5.15	145
5	4.10	5.30	120
7	4.30	5.44	114

表 4　　　　　　　　　　　　　非金融债信用利差

期限（年）	国债	信用债（AAA）	信用利差（AAA）
1	3.00	5.00	200
2	3.45	5.50	205
3	3.70	5.55	185
5	4.10	5.85	175

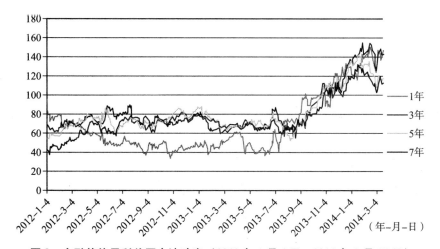

图3　金融债信用利差历史波动率（2012 年 1 月 4 日 ~ 2014 年 3 月 17 日）

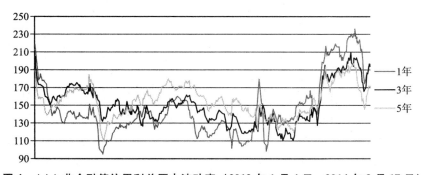

图4　AAA 非金融债信用利差历史波动率（2012 年 1 月 4 日 ~ 2014 年 3 月 17 日）

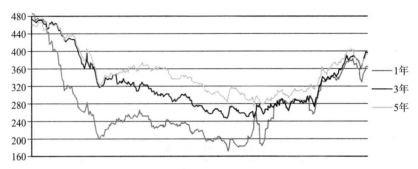

图 5　AA 非金融债信用利差历史波动率（2012 年 1 月 4 日 ~ 2014 年 3 月 17 日）

（二）流动性风险

信用债投资流动性风险的定义与国债投资流动性风险定义基本一致。其衡量和控制工具通过两个层面体现：

（1）银行资产负债表管理层面：营运现金流预测（OCP）（需要区分流动资产和非流动资产）；

（2）交易管理层面：按单只券层面考虑买卖价差、市场有效成交量、市场深度。

风险控制的两个主要考量点为：

（1）考虑行业、评级、发行人对单只信用债流动性的综合影响；

（2）考虑银行内部对流动资产和非流动资产的区分。

①按具有深度、流动性的市场和发行人评级判断单只券是否属于流动性资产（liquid asset）；

②若属于流动性资产，在 OCP 中可视作在 3 个月之内可以变现；

③若属于非流动性资产，则按剩余到期日计入 OCP；

④列入非流动性资产的债券需要负担银行的流动性成本（liquidity premium）。

（三）信用风险

信用债投资信用风险的定义为：当债券交易对手未能履行约定契约所规定的义务或当持有的债券的发行人无法履行支付义务或破产时，将使我行遭受潜在损失的风险。其衡量工具有以下三类。

（1）债券发行人信用风险限额（Issuer Risk）；

（2）交易对手方信用风险限额（Counterparty Risk）；

（3）结算信用风险限额（Settlement Risk）。

风险控制的三个主要考量点为。

（1）债券发行人信用风险评级、信用风险额度、评级下调风险、债券违约风险；

（2）交易对手方资质及交割方式（T+0交割则无须考虑交易对手方信用风险限额）；

（3）结算方式（若为DvP或有利于我方结算方式，则无须考虑结算信用风险）。

（四）风险资本

信用债投资风险资本的定义为：监管当局规定银行为应对潜在损失所应持有的资本要求。

风险资本主要分为以下两点：

（1）交易账户债券——计提市场风险资本；

①中国银监会规则：债券市场风险资本为特定市场风险资本与一般市场风险资本之和。

②巴塞尔Ⅲ国际准则：市场风险资本为风险在险值资本（VaR）、压力风险在险值资本（Stressed VaR）与新增风险资本（Incremental Risk Charge）之和。

（2）银行账户债券——计提信用风险资本。

①中国银监会规则：企业债风险加权系数为100%。

②巴塞尔Ⅲ国际准则：债券风险加权系数由债券发行人信用状况与债券剩余期限决定。

其中，特定市场风险指由于信用利差变化产生的债券价格波动的风险，一般市场风险指市场利率变化使债券发生价值损失的风险。

风险资本的主要考量为以下两点：

（1）债券发行人信用评级；

（2）债券市值、票息、剩余期限。

三、未来展望

基于目前金融改革和发展的历史性机遇，我行预计未来风险管理方面将出现以下趋势：

（一）丰富风险对冲工具的种类以更有效管理利率和信用风险。未来对冲利率风险工具主要为 IRS、标准远期债券、利率期权和国债期货等。对冲信用利差风险，将主要依赖于信用风险缓释工具。

（二）改善利率和信用风险的定价和交易机制、逐步将利率和信用利差风险分层管理。结合利率市场化的大背景，未来市场风险管理的趋势将更侧重于改善利率和信用风险的定价和交易机制、逐步将利率和信用利差风险分层管理。

附录：

"中国国债管理战略计量分析"中期
评审会及结题会评审意见综述

2014 年 12 月 19 日，财政部国库司在深圳召开"国债管理战略计量分析世界银行技术援助项目质量监控暨专家评审会"。2015 年 5 月 8 日，在四川省成都市召开项目结题会。这两次会议中，国家开发银行资金局余江顺先生、中国农业开发银行资金计划部刘优辉女士、中国农业银行金融市场部杨德龙先生、中国银行金融市场总部汪宁女士、中国建设银行金融市场部张铮先生、招商银行金融市场部戴志英女士、北京银行资金运营中心刘素勤女士、杭州银行金融市场部王晓莉女士等业内资深专家，中国人民大学财政金融学院类承曜先生，以及北京、江苏、浙江、深圳、四川、安徽等财政国库部门负责同志，就中央国债登记结算公司提交的项目研究报告提出了专业中肯的评审意见，对确保报告质量起了关键性的推动作用。另外，中央国债公司课题组在报告写作和修改的过程中也总结了一些心得体会。现将专家评审意见和课题组的体会与收获综述如下：

一、对报告框架方面的建议

（1）整合摘要和前言内容，将第一章标题改为"研究背景及意义"。

（2）为使报告核心部分脉络更加清晰，减少内容前后交叉，建议将报告第五章"中国国债管理战略计量分析模型的架构设计"和第六章"中国国债管理战略计量分析模型的实证分析"内容按照输入变量、模拟过程、输出结果及评价方法的建模流程重新进行梳理。修改后的第五章包括模型概述及前提假设、融资需求模型及利率模型的建立等内容，修改后的第六章包括融资需求模型及利率模型的实证预测结果、多种输入发债方案的拟定、各发债方案的模拟过程、各发债方案的成本风险指标等输出结果、指标比较及方案综合评价等内容。

（3）调整 3 种国债管理战略计量分析方法的顺序，将本报告重点使用的成本与风险计量分析方法放在第一节，并将第五章中国模型中关于成本风险计量指标的一般性介绍并进这一章节，保证内容的完整性。

二、对报告内容方面的建议

（1）建议明确我国国债管理目标，在第二章第一节"国债管理战略的概念"中增加"本课题研究中我国国债管理目标"内容。

（2）对成本、风险相关概念进行更简洁、更清晰的表述，对信用风险、流动性风险进行重新论述。

（3）建议适当增加对主权资产负债管理方法的论述，尤其是主权资产负债管理方法的优点。

（4）在国际经验方面，根据加拿大最新发布的国债管理年报，对报告中加拿大目前的国债管理战略的内容进行更新。

（5）"发展中国家"这一名称改为世界银行最新提法，即"中低收入经济体"。

（6）关于行文规范，文中引用的模型名称不能够用英文或者英文缩写，例如NS 模型和 VAR（2）模型应该改为尼尔森西格尔模型和二元向量自回归模型；公式中出现的变量名称也不能够直接用英文单词表示，例如 Deficit 应该改为年度基本赤字。

三、对模型建立方面的建议

（1）关于利率模型的宏观经济变量选取，建议增加反映社会流动性和社会投资行为的指标。考虑到变量指标的重要性、相关性和替代性，修改后的报告剔除了铁路货运量、其他融资渠道规模和贷款三个变量，增加 GDP 当季同比和社会融资规模两个变量，将利率模型从八元变量自回归模型改为七元变量自回归模型。

（2）补充论述中国模型与国外模型的区别，以及中国模型对国外模型的借鉴情况，补充说明我国模型采用季度数据的原因。

（3）修改融资需求模型中关于基本赤字的论述，考虑到阅读者基本常识问题，去掉国家财政赤字和基本赤字关系的公式推导内容。将"政策性金融债和地方政府债务与国债的替代作用"改为"互补作用"。

（4）建议未来在融资需求模型的优化过程中应考虑中国经济的新常态，使模型的预测结果更加准确。

四、对模型实证方面的建议

（1）更新模型实证数据，将分析 2013 年国债发行方案更新至分析 2014 年国债发行方案。

（2）建议对成本指标进行修正，即用 2014 年第四季度中债国债收益率曲线季度平均值，对各发债方案各季度的付息额度进行贴现后再进行比较。

（3）在计量模型的长期优化过程中考虑地方政府债，因为未来地方政府债自发自还的趋势将对模型的准确性产生影响，建议成本计量时可考虑发行成本和管理成本。

（4）在对各发债方案进行综合排名时，建议不要采用平均权重的方法，而是采用更为科学的层次分析法对各成本、风险指标赋予权重。

（5）在成本风险指标的综合评价中，增加“均衡性量化指标”内容。这是因为考虑到国债的金融功能，为推动国债市场长期发展、完善国债收益率曲线需要，现阶段各期限的国债发行期限需要相对均衡，建议在对各发债方案进行综合评价之前先给出战略均衡性的量化指标。

五、咨询机构在课题研究过程中的体会和收获

中央国债公司课题组作为此次世行技援项目的咨询机构，在项目结题会上也谈了课题研究过程中体会和收获。

（1）债务管理战略计量分析工具设计的关注点。

第一，在顶层设计上，应明确合理的债务管理目标。不同的债务管理主体，在不同的发展阶段，债务管理目标是不同的。债务管理部门应根据其具体情况，明确合适的债务管理目标。在确定债务管理目标范围之后，债务管理部门还需要在多个债务管理目标之间进行权衡，确定不同债务管理目标之间的主次关系。债务管理目标是计量工具设计的基础和前提条件。

第二，在具体设计上，应重点关注架构。构建债务管理战略计量工具的重点是架构设计，而不是模型的具体细节。因为模型是可以随样本数据和理论的变迁而不断变化的，而架构则是具有长期稳定性的。好的架构可以包容模型的扩展。

第三，在系统实现上，应重点关注模拟功能。从国际经验上看，对于债务工

具较复杂的国家而言，模拟各种可能的债务组合是必须依靠系统来完成的工作。

（2）构建计量分析工具的好处。构建债务管理计量分析工具至少有两点较为现实的好处：一是可以明显提高债务管理的效率，在债务工具复杂多样时尤为明显；二是可以提高债务管理决策的透明度。

（3）计量分析工具在债务管理决策中的作用。科学的债务管理决策需要定性和定量分析相结合，计量分析工具可以给出数值化的预测和建议，但不能替代债务管理人员的既有经验和定性分析。两者需要结合起来进行综合分析。从某种意义上说，计量分析工具输出的结果更多是一个"锚"，提供了一个分析决策的出发点。

（4）国债管理战略的实施与债券市场发展的关系。国债管理战略的顺利实施需要债券市场有足够的深度和流动性，才能避免债务管理战略实施对债券市场可能造成的冲击。同时，实施兼顾债券市场发展的国债管理战略也必然会促进债券市场的发展。

（5）本课题采用模型框架的开放性。本课题研究中的成本与风险模型具有很强的开放性，各个模块相互独立，可以进行单独的研发和升级，不会对国债管理战略计量分析工具产生系统性影响。

（6）课题研究工作中面临的困难。在课题研究的过程中主要面临两方面的困难：一是样本数据较少。多个宏观经济数据是从 2002 年才可以采集到，仅有十几年的数据，部分重要经济变量最高频度只能取到季度，样本期内最多只能取到40 多个数据。这对于计量研究来说样本数据比较少。二是中国经济目前仍处于结构转型期，模型需要更多新的数据来进一步修正。

（7）课题研究的收获。从具体成果来看，课题组完成了一份课题报告和一份系统开发的需求方案，但更重要的收获是实现了从理论研究到系统实现的落地问题。

后　记

关于中国国债管理战略计量分析
课题研究项目执行及成果的说明

　　"中国国债管理战略计量分析"世界银行技术援助课题研究项目于 2013 年 12 月正式立项，2015 年 5 月执行完毕。在该课题研究项目执行过程中，我们严格按照世界银行采购程序选聘项目咨询机构，对咨询服务过程进行实时跟踪问效；组织国际研讨会、项目中期质量监控会、项目结题专家评审会，邀请国内外专家学者以及资深市场专家对项目阶段性研究成果进行审议，并提出修改完善意见，保证了课题研究报告的质量，为下一步研究成果的应用打下了较好的基础。作为执行该项目的负责人，我对该课题研究项目执行过程、课题研究主要成果及应用，以及项目执行过程中的几点体会作简要说明。

一、关于技援课题研究项目执行过程

　　从 2013 年 12 月立项到 2015 年 5 月结题，该课题研究项目执行过程分为立项及咨询服务采购、项目咨询研究、专家评审及课题研究成果三个阶段。

　　（1）立项及咨询服务采购阶段。2013 年 12 月，按照世界银行技援项目管理制度有关规定，经世界银行技援项目经理审核同意并报部领导批准，"中国国债管理战略计量分析"作为世界银行"中国经济改革实施"第五期技术援助项目（TCC5）中的一个政策研究类项目正式立项。国库司作为该课题研究项目执行机构，随即成立了项目管理办公室，并组织开展课题研究咨询服务采购工作。

　　2014 年 2 月，我们邀请中国农业银行金融市场部副总经理杨德龙先生、中国银行金融市场总部债券投资主管汪宁女士、财政部财政科学研究所研究员王桂娟女士、北京银行资金交易部副总经理刘素勤女士等 4 位专家进行评审，从中央国债登记结算有限责任公司（以下简称"中央国债公司"）、中国地质大学人文经管学院和普华永道管理咨询公司等 3 家单位中评定中央国债公司为项目咨询机构。2014 年 4 月，我们与中央国债公司签署了课题研究咨询服务合同，合同期限为 2014 年 4 月至 2014 年 12 月。

（2）项目咨询研究阶段。为了抓紧启动课题研究工作，2014 年 3 月，我们在海南省海口市召开了中国国债管理战略计量分析国际研讨会，邀请世界银行和国际货币基金组织的专家介绍国际通行做法及最新动态，请国内债券市场专家介绍债券投资组合的管理做法，并对研究建立中国国债管理战略计量分析模型提出意见和建议。这为我们及时开展课题研究工作做了很好的准备。

2014 年 4 月，我们与中央国债公司签署咨询服务合同后，中央国债公司随即成立了以水汝庆总经理为组长、王平副总经理为常务副组长，成员包括北京大学数学学院教授及中央国债公司中债估值中心（原信息部）、发行部和研发部业务骨干在内的课题组，并建立了由高校及市场机构专家组成的专家委员会。按照课题研究进度，2014 年 5 月、7 月、9 月、11 月中央国债公司召开了四次课题研究会议，请专家就课题研究报告和开发方案提出意见建议，并按时将阶段性成果提交给国库司项目管理办公室。为切实履行咨询服务合同，我们全程参与中央国债公司的咨询研究工作。

（3）专家评审及课题研究成果阶段。2014 年 12 月，我们在广东省深圳市召开了项目质量监控暨专家评审会，邀请市场机构专家、高校专家、地方财政代表对课题研究报告和系统开发方案阶段性成果进行审议。主要意见和建议有：一是报告框架内容存在前后交叉包含的问题，建议按照输入变量、模拟过程、输出结果及评价方法的建模流程，重新调整中国模型建立和实证分析部分，使得报告整体脉络更加清晰易读。二是关于利率模型构建，重新考量铁路货运量、贷款等变量对利率影响的程度大小，增加考虑 GDP、社会融资渠道规模等经济含义更为重要的变量。三是应当提出实施国债管理战略所应具备的市场条件。

2015 年 5 月，我们邀请评审专家在四川省成都市召开项目结题会。专家认为研究报告内容已较为完善，主要就系统开发方案提出意见。一是开发国债管理战略计量模型，运用计量分析手段优化国债结构产生的经济效益比较客观。二是该开发方案借鉴国际经验，结合国内实际情况，提出的计量模型具有可行性。三是国债管理战略计量模型（即成本与风险模型）与投资者使用的收益与成本模型相互对应，该模型的应用将对投资者优化资产组合，以及改善市场供求关系产生积极作用。四是应该根据宏观经济环境变化和业内资深专家意见，在实际应用中定期更新数据，持续完善模型本身。

根据专家评审意见，中央国债公司课题组及时对课题研究成果作进一步修改。2015 年 6 月 1 日，中央国债公司正式将课题研究报告和开发方案提交给国库司项目管理办公室。课题研究报告和开发方案获得评审专家充分肯定。

二、关于课题研究项目主要成果及应用

该课题研究项目主要成果包括一份课题研究报告和一份系统开发方案，主要应用于制定国债发行计划，乃至地方政府债券发行计划，进一步优化国债及地方政府债券结构和发债节奏，为实现国债管理政策目标及地方政府债务管理目标提供定量分析基础。概括而言，主要体现在以下几个方面。

（1）课题研究报告中有关国债期限结构偏长、适当多发短期国债建议已用于实践，开发国债管理战略计量分析模型引起部领导重视。财政部有关负责人在2014年11月首次发布中国关键期限国债收益率曲线时明确指出，"一要继续借鉴国际通行做法，抓紧开发运用国债管理战略计量分析研究工具，进一步优化国债结构和发债节奏"。"二要着力完善关键期限国债发行计划，以及1年以下短期国债和10年以上长期国债的发行计划"。2015年第二季度开始每月发行一次期限为6个月的短期国债，第四季度开始每周发行一次3个月的短期国债。

（2）正式提出国债管理目标。在研究主要国家国债管理战略实施经验的基础上，课题研究报告明确提出了中国国债管理目标，即在可接受的风险范围内将债务成本最小化，以及促进国债市场有效发展。该目标的提出有利于扩大国债管理工作视野，使得国债管理工作不再局限于满足政府融资需求，而是从中长期前瞻性角度，综合考虑国债发行的成本与风险，科学设计国债结构和发债节奏，促进国债市场健康发展。这既是国际主流做法，也是计量分析模型——成本与风险计量分析方法的理论基础和依据。

（3）有利于实行中期财政规划管理制度。该课题研究项目成果的实施，使我们能够在定量分析和情景分析基础上，建立中期国债管理规划制度。这与党的十八届三中全会通过的《中共中央关于全面深化改革若干重大问题的决定》中明确提出的"建立跨年度预算平衡"相契合。同时，对于落实好2015年1月国务院提出的实行中期财政规划管理制度，也具有重要的促进作用。

（4）为地方政府债务管理制度改革提供有益借鉴。国债管理战略计量分析模型扩展性较强，其中所包含的模型和参数可根据具体分析对象的不同，进行适当优化或者调整，不仅可以用于国债管理工作，还能用于地方政府债务管理工作。这对于地方财政部门不断优化债务结构和发债节奏，尤其是当前省级政府建立健全政府债务管理制度具有重要参考价值。

三、关于项目执行过程中的几点体会

作为项目执行负责人，回顾项目执行全过程，我感到在一年半的时间内能够按时高效地开展项目活动，形成一份研究难度大又兼具理论开创性和实施可行性的课题研究报告（以及系统开发方案），确属不易，也有以下几点体会。

（1）充分吸收世界银行先进项目管理理念。世界银行除了具备"知识银行"的优势外，一整套成熟的标准化项目管理制度对我们做好技援项目执行工作有一定借鉴意义。如果说执行上一次国债二级市场技援项目时还是摸着石头过河，此次技援项目执行则是较好理解了世界银行技术援助项目"出战略、出政策、出方案、出机制"和以结果为导向的管理理念。在总结国债二级市场技援项目管理经验基础上，我们主动做好此次技援项目前期建议书设计、任务大纲撰写、咨询采购、中期质量监控、成果验收等关键环节工作，严格按照计划安排执行项目活动，尽量减少项目临时调整等操作风险，有效提高了项目执行效率。

（2）充分发挥评审专家智囊团作用。国债管理工作与债券市场环境是密切相关的，我们自己闭门造车显然是行不通的。因此，早在选择咨询机构之时，我们就开始引入评审专家机制，组建稳定连续的专家团队，全程帮助我们把控课题研究方向和内容。在我们召开的国际研讨会、中期专家评审会、项目结题会，以及中央国债公司组织的四次课题研究会议上，专家团队不遗余力地对课题框架和报告写作提出了许多建设性意见和建议，有效保证和提升了项目质量。

（3）积极保持与咨询机构的精诚合作。选择合适的咨询机构是决定项目成败的关键，直接影响项目成果的质量。中央国债公司作为咨询机构，具有较强的国债市场研究和信息系统建设能力，掌握国债第一手数据，并多次参与世行技援项目。公司领导非常重视该项目课题研究工作，副总经理王平先生参加了我们举办的两次专家评审会，主持了公司课题组几次课题研究会议，积极投入到课题研究中。我们与课题组建立了良好的日常沟通机制，定期讨论课题进展，及时沟通存在问题，齐心协力将课题研究成果尽可能做到最好。

最后，对所有为本项目的实施、研究、评审、出版工作给予支持和帮助的各位专家人士表示感谢。首先感谢财政部金融司周成跃先生、国际财金合作司莫小龙先生、刘英志先生、王莹女士、刘静颖女士和张亚静女士在项目立项和执行阶段作出的努力和贡献。感谢世界银行北京代表处技援项目管理团队的大力支持，特别感谢陈建青女士在项目执行过程中全程指导我们的工作，感谢吴卓瑾女士和何金蓉女士在项目采购环节给予的帮助。由衷感谢评审专家们在项目评审过程中的辛勤付出，特别感谢中国农业开发银行刘优辉女士、中国农业银行杨德龙先生、中国银行汪宁女士、中国建设银行张铮先生、北京银行刘素勤女士能够自始至终参与本项目。非常感谢经济科学出版社刘怡斐编审对本报告出版的大力支持。

中华人民共和国财政部国库司副司长